ENTLANG DER HAVEL

Therese Schneider

Entlang der
HAVEL

Die schönsten Ausflüge von der Quelle bis zur Mündung

BeBra Verlag

MIX
Papier | Fördert gute Waldnutzung
FSC® C106600
www.fsc.org

Stand der Informationen: Januar 2024

Bibliografische Information der Deutschen Nationalbibliothek
Die Deutsche Nationalbibliothek verzeichnet diese Publikation in der Deutschen Nationalbibliografie; detaillierte bibliografische Daten sind im Internet über http://dnb.d-nb.de abrufbar.

Asternplatz 3, 12203 Berlin
post@bebraverlag.de
Lektorat: Marijke Leege-Topp, Berlin
Satz: Therese Schneider, Berlin
Umschlag: fernkopie, Berlin (Foto: AdobeStock)
Schrift: Meta Serif Pro
Druck und Bindung: DZS Grafik, Ljubljana
ISBN 978-3-89809-242-5

www.bebraverlag.de

INHALT

HAVEL

Die Havel, um es noch einmal zu sagen, ist ein aparter Fluss; man könnte ihn seiner Form nach den norddeutschen oder den Flachlands-Neckar nennen. Er beschreibt einen Halbkreis, kommt von Norden und geht schließlich wieder gen Norden, und wer sich aus Kindertagen jener primitiven Schaukeln entsinnt, die aus einem Strick zwischen zwei Äpfelbäumen bestanden, der hat die geschwungene Linie vor sich, in der sich die Havel auf unseren Karten präsentiert. Das Blau ihres Wassers und ihre zahllosen Buchten (sie ist tatsächlich eine Aneinanderreihung von Seen) machen sie in ihrer Art zu einem Unikum.

THEODOR FONTANE

ZAHLEN UND FAKTEN

Der Name Havel leitet sich her von der germanischen Bezeichnung habula. Der Wortstamm *haf* bedeutet so viel wie Bucht. Offensichtlich inspirierte die Gestalt des 334 Kilometer langen Flussverlaufs seinen Namen.

Der längste Nebenstrom der Elbe entspringt in der Mecklenburgischen Seenplatte, nahe Ankershagen. Er durchquert die Länder Berlin und Brandenburg und mündet an der Grenze zu Sachsen-Anhalt, nahe Rühstädt, in die Elbe. 285 Flusskilometer liegen in Brandenburg.

Quelle und Mündung sind nur 94 Kilometer Luftlinie voneinander entfernt. Nicht mehr als 40,6 Meter beträgt der Höhenunterschied von der Quelle bis zur Mündung, womit sich die geringe Fließgeschwindigkeit erklärt.

Charakteristisch sind die zahlreichen Seen, welche die Havel, unterwegs viele Kurven beschreibend, immer wieder durchfließt, so den Woblitzsee, den Tegeler See, den Großen Wannsee, den Griebnitzsee und den Plauer See.

DER FLUSS ALS WIRTSCHAFTSFAKTOR

Binnenschifffahrt ist fast auf dem gesamten Flusse möglich. Hochwässer sind selten, zahlreiche Schleusen und Wehre regulieren ihn. Um den Fahrweg für Schiffe abzukürzen, wurden Seitenkanäle angelegt. Noch gegenwärtig werden die Schifffahrtswege weiter ausgebaut, was zu Konflikten mit Umwelt- und Naturschützern führen kann.

Berliner Havelstrand

Ende des 19. Jahrhunderts wuchs Berlin zur Großstadt. Die benötigten Ziegel produzierten naheliegende Manufakturen, so die in Mildenberg nahe Zehdenick. Bautensilien, Heizmaterial und Rohstoffe für die Industrie gelangten auf dem Wasserweg in die Metropole.

Nach wie vor ist an der Havel die Fischerei ein Erwerbszweig, wobei sich die Fangbestände, bedingt durch den Flussausbau, seit den 1920er Jahren stark verändert haben. Ernährte einst dieser Beruf fast 1000 Familien, ging die Anzahl der Betriebe bis heute erheblich zurück. Die Fänge decken den Bedarf nicht mehr. Begehrte Ware wie Zander muss anderswo zugekauft werden.

ENTLANG DER HAVEL

Als Havelland wird die von der Havel umflossene Region, also das Territorium westlich Berlins, zwischen Oranienburg und Rhinow bezeichnet.

Geologisch prägten Saale- und Weichseleiszeit das Gebiet. Sie formten Urstromtäler, aus denen gelegentlich Hochflächen, zumeist »Ländchen«, herausragen. Weite Wiesen, stille Wälder und klare Seen sind charakteristisch. Das nördliche Havelland besteht überwiegend aus Moor. Der Naturpark Westhavelland gehört zu Europas größten Binnenfeuchtgebieten. Im Süden gibt es zahlreiche Seen. An viel benutzten Furten entstanden Städte: Spandau (heute zu Berlin gehörig), Potsdam, Brandenburg und Rathenow.

Das übrige Havelland ist eher dünn besiedelt. Ackerbau, Viehzucht und Fischfang ernährten die Bewohner und tun dies bis heute. Ein wichtiger, stetig wachsender Wirtschaftssektor ist der Tourismus. Das Havelland verspricht Ruhe, Idylle, Natur. Zumal es für Berlin Naherholungs- und Rückzugsgebiet ist.

Theodor Fontane widmete der Region einen Band seiner »Wanderungen durch die Mark Brandenburg«. Mehr noch trug sein vielleicht populärstes Gedicht, die Ballade über den Herrn von Ribbeck auf Ribbeck im Havelland, zur überregionalen Bekanntheit der Gegend bei.

Ob als Tagesausflug oder in mehrtägiger Tour zu Fuß, per Rad, mit dem Auto, Motorrad oder auf dem Wasserweg, die Region an der Havel bedient jeden Geschmack. In diesem Führer wollen wir sie ausführlich vorstellen. Neben Beschreibungen von Land, Leuten und Geschichte enthält er aktuelle Informationen zu Verkehrsanbindung, Gastronomie, Unterkünften, Freizeitgestaltung, Erholungsmöglichkeiten, Kunst und Kultur.

Fontane schrieb:

Und schönest Du alles, was alte Zeiten
Und neue an Deinem Bande reihten,
Wie schön erst, was fürsorglich längst
Mit liebendem Arme Du umfängst.
…

HAVELURSPRUNG

Die Havelquelle bei Ankershagen

An der Havelquelle

ANKERSHAGEN

Das kleine Dorf am Rand des Müritz-Nationalparks liegt in einem hydrogeologisch interessanten Gebiet: Ein durch glaziale Vorgänge entstandener Endmoränenrücken bildet hier die Wasserscheide zwischen Nord- und Ostsee, sie trennt Fließgewässer in nördliche und südliche Richtung.

Aus den drei Quellseen Born-, Trinnen- und Mühlensee, allesamt Reste eines eiszeitlichlichen Rinnensees, entspringt die Havel und fließt von hier aus nach Süden.

Megalith- und Hügelgräber in der Umgebung bezeugen frühe Besiedlung. Aus germanischer Zeit stammt eine Viereckschanze nahe dem Mühlensee. Im Mittelalter kam es zur ersten urkundlichen Erwähnung von Ankershagen. Noch heute existieren Ruinen einer mittelalterlichen Wasserburg, außerdem gibt es ein Herrenhaus, das über Jahrhunderte das mecklenburgische Geschlecht derer von Holstein bewohnte.

SCHLIEMANN-MUSEUM Im einstigen Pfarrhaus Ankershagen verbrachte der 1822 geborene Heinrich Schliemann, eines von neun Kindern des lokalen Pfarrers, seine Kindheit. Als Vierzehnjähriger begann er eine Handelslehre im nahen Fürstenberg, in der Folge arbeitete er sich vom

Heinrich-Schliemann-Museum im ehemaligen Pfarrhaus Ankershagen

Heinrich Schliemann, Fotografie, 1866

einfachen Kontorgehilfen zum erfolgreichen Kaufmann hoch. Am Handel mit Kolonialwaren, später mit Munitionsrohstoffen verdiente er ein Vermögen, seine Tätigkeit führte ihn von Hamburg über Amsterdam und Nordamerika bis ins zaristische Russland.

Dort lebte er längere Zeit. Etwa ein Dutzend neue Sprachen konnte er lesen und schreiben. Mit 36 Jahren zog er sich aus dem Geschäftsleben zurück und unternahm ausgedehnte Bildungsreisen, studierte in Paris Altertumskunde und begann 1870 mit archäologischen Grabungen in der Türkei. Er wollte das in Homers »Ilias« beschriebene antike Troja finden. Später setzte er in Mykene seine Unternehmungen fort. Weltberühmt wurde er mit dem Fund des (von ihm so bezeichneten) Goldschatzes des Priamos, bis zum Zweiten Weltkrieg aufbewahrt in Berlin, nach 1945 als Beutekunst in die Sowjetunion gelangt. Die deutsche Hauptstadt zeigt heute davon eine Nachbildung.

Ankershagen nennt sich Schliemanngemeinde. Das einstige Pfarrhaus wurde ein Museum.

ANKERSHAGEN KOMPAKT

RE5 bis Bhf Waren, dann Bus 206

B96 bis Neustrelitz, dann B193,
dann abbiegen auf Peckatel,
an Klein Vielen auf Dorfstr.,
in Groß Vielen auf Hans-Beimler-Str.

Fischadler-Beobachtungsstelle
Müritz-Nationalpark-Information
Federow
17192 Kargow

Storchen-Beobachtungsstelle
Am Nationalpark 10
17219 Ankershagen

Badeseen
Badestelle Bornsee
Am Hang
17219 Ankershagen

Badestelle Hinbergsee
Unterdorf
17192 Kargow

Kanu Hecht
geführte Touren durch den Müritz-Nationalpark und die Mecklenburger Seenplatte, in das Havelquellreich, Kanutransport, Kanuverleih, Fledermausführungen in Kratzeburg
Dalmsdorf 37
17237 Kratzeburg
Tel.: 039822 / 179 88 oder
0172 / 932 36 25
ingo@kanu-hecht.de
www.kanu-hecht.de

Radtouren
Radtour um den Kölpinsee & Fleesensee
Länge: 52,8 km
www.outdooractive.com/de/route/radtour/mecklenburgische-seenplatte/e-bike-radtour-um-den-koelpinsee-fleesensee/56294079/

Wandern
Walderlebnispfad Serrahn
Länge: 8,2 km
www.tourismus.meinestadt.de/carpin/outdoor/wandern/detail?id=1054726358

Beaumont Farm
Freidorfer Str. 27
17219 Freidorf OT Möllenhagen
Tel.: 039921 / 351 10 oder 01520 / 705 25 22
info@thebeaumontfarm.com
www.thebeaumontfarm.com

Gutshaus Friedrichsfelde
Am Nationalpark 10
17219 Ankershagen
Tel.: 01522 / 868 40 94 oder 039921 / 719 53
www.mueritz.de/urlaubsquartiere&offerer=1263

Schliemann-Museum
Lindenallee 1
17219 Ankershagen
Tel.: 039921 / 32 52
info@schliemann-museum.de
www.schliemann-museum.de

Hügelgräber aus der Bronzezeit
17217 Penzlin

HAVELOBERLAUF

Die Junge Havel bei Zehdenick

Flangelturm der Burg in Wesenberg

WESENBERG

Inmitten der mecklenburgischen Kleinseenplatte, umgeben von vielen Gewässern, wie Woblitzsee, Großer Labussee, Großer und Kleiner Weißer See, liegt die Stadt Wesenberg. Eine mittelalterliche Turmhügelburg im Nordosten ist ihr Wahrzeichen. Sie wechselte mehrfach den Besitzer, ehe sie während des Dreißigjährigen Kriegs zerstört wurde und verfiel, nur Reste des Flangelturm genannten Bergfrieds blieben erhalten. Anfang des 19. Jahrhunderts wurde der Wohntrakt erneuert. Heute befindet sich hier der Sitz des Fremdenverkehrsbüros und einer Heimatstube.

Die spätmittelalterliche Stadtkirche Sankt Marien nahe dem Markt steht auf einer Erhebung. 1833 baute Johann Michael Röder hier eine eigentlich für die Dorotheenstädtische Kirche in Berlin bestimmte Orgel ein.

In der Villa Pusteblume hat die Sammlerin Hannelore Westfalen ein sehenswertes Privatmuseum mit Blechspielzeug, mechanischen Musikinstrumenten und anderen alten Dingen zusammengetragen. Zudem lassen sich hier Ferienwohnungen mieten.

Am Großen Weißen See eröffnete 2016 ein Skulpturenpark mit Arbeiten internationaler Künstler. In der zugehörigen Parkresidenz gibt es ein Cafe samt Fremdenzimmern. Es gibt regelmäßig Veranstaltungen.

Villa Pusteblume

WESENBERG KOMPAKT

Bhf Neustrelitz, dann RB16 oder Bus 650

B96 bis B198 in Neustrelitz, dann weiter auf B198 bis Wesenberg
A24, A19, dann weiter auf B198

Touristinformation Wesenberg
Burg 1
17255 Wesenberg
Tel.: 039832 / 206 21
info@klein-seenplatte.de
www.klein-seenplatte.de

Museum für Blechspielzeug und mechanische Musikinstrumente in der »Villa Pusteblume«
Burgweg 1
17255 Wesenberg
Tel.: 03983 / 221 305
villa.pusteblume@gmx.de
www.villa-pusteblume-wesenberg.de

Badestrand »Weißer See« Wesenberg

Familotel Borchard's Rookhus am See
Am Labus 12
17255 Wesenberg
Tel.: 039832 / 500
info@rookhus.de

Ferienpark Mirow GmbH
Gastronomie, Bootsverleih, Kanustation
Schifffahrt, Fahrradverleih, Angelkarten
Wanderkarten & Postkarten
Walter-Gotsmann-Str. 2
17252 Mirow OT Granzow
Tel.: 039833 / 600
info@allseasonparks.de
www.allseasonparks.de/ferienpark-mirow

Campingpark am Weißen See
Am Weißen See 1
17255 Wesenberg
Tel.: 03981 / 247 90
info@haveltourist.de

Old Well Distillery
Belower Str. 10
17255 Wesenberg
info@oldwell.de

Ristorante DaGiovanni
Am Hoben 12
17255 Wesenberg
Tel.: 01525 / 941 27 88
www.dagiovanni-wesenberg.de

Radwege
Wesenberg–Fürstenberg
Länge: 30 km
(Teilstück Berlin-Kopenhagen-Radweg)
www.bikemap.net/de/r/11816614/

Havelquellsee Rundweg
Länge: 51,2 km
www.web.bikemap.net/r/8303666

Wanderwege
Johannesruh–Strasen–Großer Stechlinsee–Neuglobsow
Länge: 17,6 km
www.web.bikemap.net/r/3580833

Alter Pilgerweg
Länge: 13,6 km
www.outdooractive.com/de/route/wanderung/mecklenburgische-seenplatte/alter-pilgerweg/108743117/

FÜRSTENBERG

Archäologische Grabungen erbrachten 3000 Jahre alte Keramikscherben, slawische Siedlungsspuren und einen auf das Jahr 1638 datierten Goldschatz. Im Hochmittelalter gründeten die askanischen Markgrafen Burg »Vostenberghe«, Reste davon existieren noch. Eine Straße verband Stargard mit den Ländereien des Barnim, die Burg beschützte sie.

An drei Seiten von Wasser umgeben – Röblinsee, Baalensee und Schwedtsee – hatte Fürstenberg eine günstige Lage. Einst gab es eine Stadtmauer mit Zollstationen, im 19. Jahrhundert wurde das alles geschleift.

1348 geriet Fürstenberg in mecklenburgischen Besitz, ab 1701 gehörte es zu dem kleinen Fürstentum Mecklenburg-Strelitz. Von 1741 bis 1752 wurde, auf einer Insel nördlich der Altstadt, für Herzogin Dorothea Sophie als Witwensitz ein Schloss im Rokokostil gebaut. Im letzten Jahrhundert übernahm es die Stadt und unterhielt hier ein Sanatorium.

Später erfuhr der Ort etwas industriellen Aufschwung, und es entwickelte sich der Tourismus: Man lag an der Berliner Nordbahn und war ein Luftkurort.

An der Schleusenhavel

Stadtkirche in Fürstenberg

RAVENSBRÜCK 1939 ließen die Nationalsozialisten am Nordufer des Schwedtsees das Frauenkonzentrationslager Ravensbrück errichten. Bis 1945 waren hier neben 132.000 Frauen und Kindern auch 20.000 Männer und 1000 Jugendliche interniert. Die Häftlinge mussten Zwangsarbeit verrichten. Wie im Konzentrationslager Sachsenhausen bei Oranienburg wurden auch hier medizinische Experimente vorgenommen, an deren Folgen und an den Strapazen der Arbeit, an Hunger und an Krankheiten viele Häftlinge qualvoll starben.

1945 nahm die Rote Armee den Ort ein. Sowjetische Truppenverbände blieben stationiert bis zu ihrem Abzug 1993/94. Eine Zeitlang lagerten hier kernwaffenbestückte Mittelstreckenraketen des Typs R-5M.

FÜRSTENBERGS ALTSTADT liegt, nicht weit vom Bahnhof entfernt, auf einer Insel. Den Markt säumen gastronomische Einrichtungen mit hübschen Fassaden. Die neugotische Stadtkirche von 1845 entwarf Friedrich Wilhelm Büttel, ein Schüler und Mitarbeiter Karl Friedrich Schinkels. In den Nebenstraßen finden sich sorgsam restaurierte Fachwerkhäuser.

Am Ufer des Röblinsee, an der Straße nach Steinförde, gibt es ein Villenviertel. Früher lebten hier sowjetische Offiziere, jetzt sind manche der Häuser Hotels.

Die Stadt setzt erfolgreich auf sanften Tourismus. Sie kämpft dafür, die viel befahrene Bundesstraße 96 im Zentrum zu verlegen. Für das Marketing gab sie sich den etwas irritierenden Titel Wasserstadt.

FÜRSTENBERG KOMPAKT

RE5 nach Fürstenberg Bhf

B96

Tourist-Information »Fürstenberger Seenland« e. V.
Markt 5
16798 Fürstenberg/Havel
Tel.: 033093 / 322 54
info@fuerstenberger-seenland.de
www.fuerstenberger-seenland.de

Heimatkundliche Ausstellung Fürstenberg
Markt 5
16798 Fürstenberg
Tel.: 033093 / 322 54 oder 033093 / 325 39
info@fuerstenberger-seenland.de

Mahn- und Gedenkstätte Ravensbrück
Straße der Nationen
16798 Fürstenberg/Havel
Tel.: 033093 / 60 80 oder 033093 / 608 29
info@ravensbrueck.de
www.ravensbrueck-sbg.de

Bauernhof Wudick
Häsener Weg 45
16775 Gransee OT Kraatz
Tel.: 0174 / 444 26 78
bauernhof-wudick@gmx.de

Hofladen in der Mühle Tornow, siehe rechts unter Mühle Tornow

Kulturgasthof »Alte Reederei«
Brandenburger Str. 38
16798 Fürstenberg/Havel
Tel.: 0172 / 322 74 21
info@altereederei.de
www.altereederei.de

Gut Boltenhof
Lindenallee 14
16798 Fürstenberg/Havel OT Boltenhof
Tel.: 033087 / 525 20
info@gutboltenhof.de
www.gutboltenhof.de

Mühle Tornow
Neue Str. 1
16798 Fürstenberg/Havel OT Tornow
Tel.: 033080 / 404 850
info@muehle-tornow.de
www.muehle-tornow.de

Café ZEITLOS
Bahnhofstr. 8
16798 Fürstenberg/Havel
Tel.: 033093 / 617 599
cafe-zeitlos@senio-vital.de

Bootsverleih Fürstenberg
Baalenseestr. 8
16798 Fürstenberg/Havel
Tel.: 0175 / 655 25 57
tom@ahoisup.de
www.bootsverleih-fuerstenberg.de

NORDLICHT Tour & Kanu
Brandenburger Str. 33
16798 Fürstenberg/Havel
Tel.: 030 / 694 013 06, 033093 / 371 86
info@nordlicht-kanu.de
www.nordlicht-kanu.de

Floßverleih TreibGuT
Baalenseestr. 8
16798 Fürstenberg/Havel
Tel.: 0160 / 967 696 91
info@flossverleih-treibgut.de
flossverleih-treibgut.de

Ahoi SUP Station Fürstenberg
Baalenseestr. 8
16798 Fürstenberg/Havel
Tel.: 0175 / 655 25 57
amelie@ahoisup.de
www.ahoisup.com

Marina Röblinsee
Uferweg 1a
16798 Fürstenberg/Havel
Tel.: 033093 / 613 071
riverboat@riverboating.com
marinaroeblinsee.de

Land Regatta – Schatzsuche in Fürstenberg/Havel
Tourist-Information Fürstenberg
Markt 5
16798 Fürstenberg/Havel

Pinewoodhuskys
Dannenwalder Str. 6a
16798 Fürstenberg/Havel OT Blumenow
Tel.: 0173 / 870 78 60 oder 033093 / 322 54
info@pinewoodhuskys.de oder info@fuerstenberger-seenland.de

Reit- und Fahrtouristik Lychen
Weinbergstr. 6a
17279 Lychen
Tel.: 039888 / 27 78 oder 039888 / 521 94
willkommen@muli-rensch.de
www.muli-rensch.de

Havelpark Fürstenberg/Havel
Zehdenicker Str.
16798 Fürstenberg/Havel
Tel.: 033093 / 322 54 oder 033093 / 325 39
info@fuerstenberger-seenland.de
www.fuerstenberger-seenland.de

Sonnenbucht und Peetschsee, Runde ab Steinförde
Länge: 15,7 km
www.komoot.de/guide/25175/wandern-rund-um-fuerstenberg-havel

Stadtkirche Fürstenberg/Havel: Baalenseebrücke, Runde ab Fürstenberg/Havel
Länge: 5,47 km
https://www.komoot.de/smarttour/442974

Badestrand Fürstenberg/Röblinsee

Badestelle Haussee

Kleine Badestelle
Baalensee
Gartenstr. 6
16798 Fürstenberg/Havel

Fahrradbrücke über die Woblitz-Schleuse und Himmelpfort, Runde ab Fürstenberg/Havel
Länge: 37,8 km
www.komoot.de/smarttour/613334

Fürstenberg/Havel–Rheinsberg–Fürstenberg
Länge: 58 km
https://www.komoot.de/smarttour/16232175

ZEHDENICK

Die Havelstadt hat slawische Wurzeln, ihr Name wird als Blumenstadt übersetzt. Im Mittelalter bauten die Askanier hier eine Burganlage. 1250 gründete sich das Zisterzienserinnenkloster. Infolge eines sogenannten Blutwunders wurde Zehdenick zum Wallfahrtsort, der daraufhin einsetzende Pilgerstrom brachte der Stadt und dem Kloster viele Einkünfte. Die Burg wechselte mehrfach den Besitzer. Zuletzt fiel sie, wie auch die Stadt, an die Hohenzollern.

Hugenotten errichteten einen Hochofen zur Herstellung von Töpfen und Ofenplatten, aber auch von Kanonenkugeln. Der notwendige Rohstoff Raseneisenstein fand sich nahebei. Wasserkraft ermöglichte den Betrieb von Papier-, Korn-, und Schneidmühlen.

Im 19. Jahrhundert verwüsteten Brände Stadt und Kloster. Beim Bau der Eisenbahnstrecke Löwenberg–Templin wurden ausgedehnte Tonvorkommen entdeckt, Ziegeleien entstanden, von denen die letzten erst 1991 schlossen. An die ehedem bedeutende Binnenschifffahrt erinnert ein Museumsschiff.

Der Stadthafen befindet sich nahe der Zehdenicker Schleuse. Neben Bootsliegeplätzen gibt es ein italienisches Restaurant mit Terrasse.

Marktplatz mit Rathaus in Zehdenick

Klosterruine Zehdenick

Der Nordflügel des Klosters blieb erhalten, die Kirche ist eine Ruine. Die Klosterscheune dient als Veranstaltungsort für Konzerte, Lesungen und Ausstellungen, außerdem gibt es ein Café. Das gesamte Kloster wurde 1541 säkularisiert, danach war es Stift für Adelsdamen, heute arbeiten hier Einrichtungen der Gemeindearbeit und Kultur.

Am Marktplatz steht das eindrucksvoll renovierte Rathaus. Am Kirchplatz gegenüber der Stadtkirche befindet sich eine Vinothek nebst Kräuterei, wo in nostalgischem Ambiente guter Wein und Mahlzeiten angeboten werden.

DREI GEGENWARTSROMANE SPIELEN IN ZEHDENICK. Der westdeutsche Journalist Moritz von Uslar lebte für ein Vierteljahr in Zehdenick und schrieb über diese Zeit einen Schlüsselroman mit dem Titel »Deutschboden. Eine teilnehmende Beobachtung«. Dieses Buch wurde nach Erscheinen heftig diskutiert. Der Autor kam ein zweites Mal und schrieb als Fortsetzung »Nochmal Deutschboden«. Dieses Buch wurde dann weniger diskutiert.

Die gebürtige Zehdenicker Autorin Maja Prekel verfasste den autobiografisch inspirierten Roman »Als ich mit Hitler Schnapskirschen aß«, dessen Handlung in den letzten Jahren der DDR beginnt und die gesellschaftlichen Verwerfungen der ersten Nachwendejahre beschreibt. Die politische Radikalisierung junger Leute steht im Mittelpunkt. Es geht um Jugendbanden, auch um Drogen.

MILDENBERG Die Region zwischen Zehdenick und Burgwall ist Museumsgelände. Sie umfasst eine Kultur- und Industrielandschaft mit etwa 50 Seen. Ab den 1890er Jahren wurde hier Ton gewonnen und in den umliegenden mehr als 40 Ziegeleien verarbeitet. Zu Spitzenzeiten arbeiteten hier über 5000 Menschen, es war dies das größte Ziegelei-Revier Europas.

Ringofen in Mildenberg

Die Gruben sind ausgetont. Sie tragen Namen nach ihren einstigen Betreibern, so Radtke-Stich und Döbert-Stich. Inzwischen haben sie sich mit Grundwasser gefüllt und beherbergen seltene Pflanzen und Tiere wie Biber, Fischotter, Eisvogel, Fischadler, Rohrdommel und Rotbauchunke. Im glasklaren Wasser schwimmen Fische. Auf der Oberfläche spiegeln sich Himmel und Wolken. Der Anblick erinnert an Bilder des märkischen Landschaftsmalers Walter Leistikow.

Am Eingang des Ziegeleiparks gibt es einen Hafen, ein Restaurant und Übernachtungsmöglichkeiten. Es herrscht reger Bootsverkehr. Eine Ausstellung erzählt von Tongewinnung und -verarbeitung, zu sehen sind Ringöfen und Stangenpresse, alte Loren, Kräne, Fehlbrände.

ZEHDENICK KOMPAKT

RB12 ab Bhf Oranienburg
R5 bis Gransee, ab dort Bus 833

Ab Berlin B109 oder
A111, B96, bis Nassenheide, abbiegen
Richtung Neuholland,
B167 Richtung Liebenberg, B109
bis Zehdenick

Tourist-Information Zehdenick
Am Markt 11

16792 Zehdenick
Tel.: 03307 / 28 77
touristinfo@havelstadtzehdenick.de
www.zehdenick-tourismus.de

Klostergarten Zehdenick
Im Kloster 2
16792 Zehdenick
stiftsamtfrau@kloster-zehdenick.de
www.kloster-zehdenick.de

Museum im Kloster Zehdenick
Im Kloster 2
16792 Zehdenick
Tel.: 03307 / 420 51 72
stiftsamtfrau@kloster-zehdenick.de
www.kloster-zehdenick.de

Jüdischer Friedhof Zehdenick
Friedrich-Engels-Str. 14
16792 Zehdenick
Tel.: 03307 / 28 77
touristinfo@havelstadtzehdenick.de

Festes Haus Badingen
Badinger Dorfstr. 46
16792 Zehdenick OT Badingen
Tel.: 03307 / 21 98

Heimatmuseum Kappe
Kapper Dorfstr. 54
16792 Zehdenick OT Kappe
Tel.: 03307 / 368 46

Herberge »Am Dock«
Schmelzstr. 9
16792 Zehdenick
Tel.: 03307 / 421 81 92
info@herberge-am-dock.de
www.herberge-am-dock.de

Havelschloss Zehdenick
Schleusenstr. 15
16792 Zehdenick
Tel.: 03307 / 429 08 39
schloss.zehdenick@ld-event.de
www.havelschloss.de

Villa Veda
An der Hastbrücke 1
16792 Zehdenick
Tel.: 0176 / 328 095 95
info@villaveda-zehdenick.de
villaveda-zehdenick.de

Burger Factory im Bowling-Center Zehdenick
Schmelzstr. 9
16792 Zehdenick
Tel.: 03307 / 316 733
reservierung@bowling-center-zehdenick.de
www.bowling-center-zehdenick.de

da Vinci – italienisches Restaurant und Eiscafé
Schleusenstr. 20
16792 Zehdenick
Tel.: 03307 / 499 86 52
info@davinci-zehdenick.de
www.davinci-zehdenick.de

Ziegelhof Vinothek & Kräuterei
Am Kirchplatz 12
16792 Zehdenick
Tel.: 03307 / 310 883
anfrage@ziegelhofonline.de
www.ziegelhofonline.de

Landfleischerei Peter Müller
Mildenberger Dorfstr. 61
16792 Zehdenick OT Mildenberg
Tel.: 03307 / 27 94
fleischerei-p.mueller@arcor.de
www.landfleischerei-peter-mueller.de

Stadthafen Zehdenick
Schleusenstr. 20
16792 Zehdenick

Tel.: 0172 / 797 21 20
info@davinci-zehdenick.de
www.davinci-zehdenick.de/hafen

Da Vinci – Bootsverleih
Schleusenstr. 20
16792 Zehdenick
Tel.: 0172 / 797 21 20
info@davinci-zehdenick.de
www.davinci-zehdenick.de/bootsverleih

Hausboot »Joana«
Waldstr. 10
16792 Zehdenick
Tel.: 0162 / 513 29 60 oder
0160 / 456 12 04
hausboot.joana@gmail.com
www.vacation-bookings.com/d/51710061?adults=2&locale=de_DE

Kuhnle-Tours – Hausbootstation (Zehdenick)
Stützpunkt Mildenberg-Zehdenick:
Marina Alter Hafen
Ziegelei 11a
16792 Zehdenick
Tel.: 039823 / 26 60
info@kuhnle-tours.de
www.kuhnle-tours.de

Waldbad e.V. Zehdenick
Altes Forsthaus 4a
16792 Zehdenick
info@waldbad-zehdenick.de

Badestelle am Großen Wentowsee in Marienthal
Seeweg
16792 Zehdenick OT Marienthal
Tel.: 03307 / 28 77
touristinfo@havelstadtzehdenick.de
www.zehdenick-tourismus.de/
www.badestellen.brandenburg.de (Zehdenick OT Marienthal)

Tauchsportclub Zehdenick
Rudolf-Breitscheid-Str. 2
16792 Zehdenick
Tel.: 03307 / 310 025 oder 0175 / 164 04 18
www.facebook.com/Tauchsportclub.Zehdenick

Tauchbasis Stechlinsee GmbH
Fischerweg 2
16775 Stechlin OT Neuglobsow
Tel.: 033082 / 704 53
info@tauchbasis-stechlinsee.de
www.tauchbasis-stechlinsee.de

Villa Veda Zehdenick – Yoga & Ayurveda
An der Hastbrücke 1
16792 Zehdenick
Tel.: 0176 / 328 095 95
info@villaveda-zehdenick.de
www.villaveda-zehdenick.de

Radweg am Vosskanal, Runde ab Zehdenick-Neuhof
Länge: 36 km
www.komoot.de/smarttour/14729411

Ziegeleimuseum, Park und durch die Tonstiche, Runde ab Zehdenick(Mark)
Länge: 13,4 km
www.komoot.de/smarttour/19457918

Ziegeleipark und Trottheidestich, Runde ab Alte Kugelmühle
Länge: 11,7 km
www.komoot.de/smarttour/614965

Blick auf die Schnelle Havel, Wasserturm und Bistro, Runde ab Zehdenick
Länge: 11,2 km
www.komoot.de/smarttour/1036483

MILDENBERG KOMPAKT

RB12 bis Zehdenick, dann Bus 833
RE5 bis Fürstenberg, dann Bus 833

Anfahrt wie Zehdenick, Zehdenick auf B109 Richtung Westen verlassen, hinter Bhf einbiegen auf Mildenberger Str.

Gasthaus und Pension Alter Hafen am Ziegeleipark
Ziegelei 11
16792 Zehdenick OT Mildenberg
Tel.: 03307 / 301 870
willkommen@alterhafen.de
www.alterhafen.de

Ziegeleipark
Museum, Erlebnispark
16792 Zehdenick OT Mildenberg
Tel.: 03307 / 310 410
info@ziegeleipark.de
www.ziegeleipark.de/impressum

Marina Alter Hafen
im Ziegeleipark Mildenberg
Ziegelei 11a
16792 Zehdenick OT Mildenberg
Tel.: 03307 / 420 504 oder
0173 / 152 89 99
welcome@marina-alter-hafen.de
www.marina-alter-hafen.de

Marina Neuer Hafen am Ziegeleipark
Ziegelei 5
16792 Zehdenick OT Mildenberg
Tel.: 03307 / 420 504
welcome@marina-alter-hafen.de
www.marina-alter-hafen.de

freecamper – Boot & Camping
Mietbasis am Ziegeleipark Mildenberg
Ziegelei 5
16792 Zehdenick OT Mildenberg
Tel.: 039923 / 716 26
service@freecamper.de
www.freecamper.de

Campingplatz Marina Alter Hafen
im Ziegeleipark Mildenberg
Ziegelei 11
16792 Zehdenick OT Mildenberg
Tel.: 03307 / 420 504
welcome@marina-alter-hafen.de
www.marina-alter-hafen.de

Rundtour Ziegeleipark Mildenberg, Gransee, Schloss Zehdenick, Ziegeleipark Mildenberg
Länge: 39,5 km
www.komoot.de/tour/954188857

Von Zehdenick über den Ziegeleipark Mildenberg bis nach Fürstenberg an der Havel
Länge: 55 km
www.komoot.de/tour/316528711

Zehdenick–Mildenberg
Länge: 7,6 km
www.outdooractive.com/de/route/wanderung/ruppiner-seenland/zehdenick-mildenberg/188295967

Raketensilo und Kino-Theater, Runde ab Vogelsang
Länge: 12,6 km
www.komoot.de/smarttour/5188505

ORANIENBURG

Friedrich Wilhelm, Brandenburgs Großer Kurfürst, schenkte seiner ersten Frau Luise Henriette von Oranien-Nassau 1650 das Kammergut Bötzow. Das Paar hatte sich in den Niederlanden kennengelernt, Friedrich Wilhelm erhoffte sich von dieser Verbindung auch Impulse für die Entwicklung Brandenburgs, zu denen es dann tatsächlich kam.

SCHLOSSBAU Bötzows Bewohner (der Ortsname ist slawischen Ursprungs) lebten bis dahin von Fischfang, Ackerbau und Handel. Eine Burg bot Reisenden Schutz. Der Baumeister Johann Gottfried Memhardt entwarf für die Kurfürstin ein Schloss und einen Lustgarten im Stil des niederländischen Klassizismus. Niederländische Handwerker und Landwirte, dazu Hugenotten und Salzburger Exulanten errichteten landwirtschaftliche Musterwirtschaften. Im Schlossgarten wurden Bäume, Sträucher, Blumen und Nutzpflanzen kultiviert. Henriette ließ eine Kirche bauen und stiftete ein Waisenhaus. Zunächst trug nur das Schloss den Namen Oranienburg, bald hieß so die gesamte Stadt.

Friedrich III., des Großen Kurfürsten Sohn, ließ Schloss und Park erweitern. Soldatenkönig Friedrich Wilhelm I. zeigte an der Anlage kei-

Schloss Oranienburg

Das ehemalige Waisenhaus und die Stadtkirche Sankt Nikolai

nerlei Interesse, er machte sie zum Steinbruch und ließ die Materialien verkaufen. Der Rest verfiel. Erst unter Prinz August Wilhelm, dem Bruder Friedrichs II., zog neues Leben ein. 1802 erwarb der Mediziner Johann Gottfried Hempel das Schloss und betrieb darin Preußens erste chemische Fabrik, produziert wurden Schwefelsäure und Kerzen. Ein Brand hinterließ Schäden. Die Chemie zog aus. Es eröffnete ein Lehrerseminar.

Oranienburg erhielt eine Bahnstation, ein Kaltwalzwerk, eine Glühlampenfabrik und den Flugzeugbauer Heinkel. 1933 errichteten die Nazis ein Internierungslager, in dem 1934 der Anarchist und Schriftsteller Erich Mühsam umkam. Der Lagerbetrieb wurde dann in das nahe gelegene Sachsenhausen verlegt, wo von 1936 bis 1945 mehr als 100.000 Menschen starben. Schloss Oranienburg wurde SS-Kaserne.

1945 lag die Stadt in Trümmern. In dem vormaligen KZ Sachsenhausen unterhielten die Sowjets ein Speziallager, wo ehemalige Nazis, aber auch politisch Oppositionelle inhaftiert waren. Oranienburg blieb Standort der Roten Armee bis 1994. Nach den schwierigen Jahren der Nachwendezeit erfährt die Stadt nunmehr einen behutsamen Aufschwung. Das Schloss wurde restauriert, die 1945 gesprengte Schlossbrücke wiederhergestellt, Oranienburg erhielt ein kulturelles Zentrum. Mit mehr als 47.000 Einwohnern ist man die fünftgrößte Stadt des Landes Brandenburg.

Das Blumenthalsche Haus

JÜDISCHES 1884 erwarb der mosaische Tuchhändler und Bankier Louis Blumenthal das Haus Schlossplatz 5. Seine Familie war um 1845 von Wittstock nach Oranienburg gezogen. Errichtet worden war das Haus für Prinz August Wilhelms Hofgärtner.

Blumenthal gründete 1852 die erste Privatbank der Stadt. Sein Sohn Martin, gleichfalls Bankier, war Vorsteher der örtlichen Synagogalgemeinde. 1926 wurde der Enkel Werner Michael Blumenthal geboren, Anfang der 1930er Jahre zog die Familie nach Berlin.

1939 flohen die Blumenthals in letzter Minute aus Deutschland, sie gingen nach Shanghai und von dort in die USA. Michael Blumenthal studierte, wurde Mitarbeiter des US-Außenministeriums, war Berater zweier US-Präsidenten und schließlich Finanzminister. Ab 1997 amtierte er sieben Jahre lang als Direktor des Jüdischen Museums Berlin. Im Jahr 2000 wurde er Ehrenbürger von Oranienburg.

Über die Geschichte seiner Familie hat er ein Buch verfasst, »Die unsichtbare Mauer«. Zu Blumenthals Vorfahren gehörten die Schriftstellerin Rahel Varnhagen und der Komponist Giacomo Meyerbeer.

Seit 1996 trägt das Gebäude am Schlossplatz den Namen »Blumenthalsches Haus«. Seit der Renovierung residiert hier ein italienisches Restaurant.

Die Mosterei in Eden

LEBENSREFORM Im Westen von Oranienburg, jenseits des Ruppiner Kanals, liegt Eden, Deutschlands älteste vegetarische Kolonie. 1893 in einem Berliner Restaurant gegründet, übernahm sie ihren Namen von der biblischen Bezeichnung für das Paradies. Anfangs wurde in Oranienburg lediglich streng vegetarisch gelebt. Später schloss man sich der Lebensreform an, die, halb Protest, halb Fluchtbewegung, nach Licht, Natur und Freiheit strebte und die damals herrschenden Moralvorstellungen bekämpfte.

Gemeinschaften mit dieser Ideologie waren um 1900 zahlreich. Besonders bekannt wurde der Monte Verità im Schweizer Tessin. Allein Eden hat den Wandel der Zeiten überdauert.

Signet der Kolonie Eden

Man wohnte und lebte zusammen nach den gleichen Regeln. Prominente Mitglieder waren der Bodenreformer Adolf Damaschke und Gustav Lilienthal, Bruder des Flugpioniers, waren Winifred Wagner, Schwiegertochter des Komponisten, und ihr Ziehvater, der Musiker Karl Klindworth.

Zusätzlich zu Spenden finanzierte man sich durch den Verkauf von Produkten aus ökologischem Anbau, wie Obstsäften und Marmeladen. Völkische und antisemitische Tendenzen sicherten das Überleben zur Nazi-Zeit. Wachsendes ökologisches Bewusstsein, die zunehmende Nachfrage nach Bio-Produkten und alternativer Ernährung garantieren heute Edens Bestand.

Die Struktur der Siedlung mit ihren einheitlichen Parzellengrößen ist gut zu erkennen. Es existieren noch einige der alten Häuser. Das Zentrum bilden ein Gemeinschaftshaus, eine Mosterei, eine Bücherei und ein Café. Die Architektur zeigt den Stil der 1920er Jahre. Die Siedlungsgeschichte wird mit der Ausstellung in einem Gebäude der Mosterei dokumentiert.

DICHTERORT Lehnitz, eine S-Bahn-Station nächst dem Bahnhof Oranienburg entfernt, ist ein eigener Ortsteil. Die Waldsiedlung entstand 1941 für Testpiloten der Nazi-Luftwaffe, erbaut haben sie Häftlinge des Konzentrationslagers Sachsenhausen. Heute steht sie unter Denkmalschutz. Bis 1953 bewohnte eine der Villen Friedrich Wolf.

Der 1888 in Neuwied geborene Sohn jüdischer Eltern wurde durch Erlebnisse im Ersten Weltkrieg zum radikalen Kriegsgegner. Nach seiner Heimkehr schloss er sich dem Arbeiter- und Soldatenrat in Dresden an. Später trat er der Kommunistischen Partei bei.

Er praktizierte als Arzt, nebenher schrieb er, vor allem für das Theater. Sein erster großer Bühnenerfolg wurde »Cyankali«, ein Plädoyer gegen den damals gültigen Abtreibungsparagrafen 218 im deutschen Strafgesetzbuch. Er nahm selbst Schwangerschaftsunterbrechungen vor, wurde deswegen angeklagt und inhaftiert. Sein anderes erfolgreiches Stück, »Professor Mamlock«, erzählt die Geschichte eines jüdischen Chefarztes, der nach 1933, von den Nazis geächtet, aus seiner Stellung getrieben wird und sich am Ende erschießt.

1933 emigrierte Wolf in die Sowjetunion. 1937 schloss er sich den Internationalen Brigaden im Spanischen Bürgerkrieg an. Den Beginn des Zweiten Weltkrieges erlebte er in Frankreich, wo er interniert wurde, bis ihm die Flucht gelang. Zurück in der Sowjetunion war er Gründungsmitglied des Nationalkomitees Freies Deutschland.

1945 kehrte er nach Deutschland zurück, in dessen sowjetisch besetzten Teil. Er schrieb und publizierte weiter. Zwei Jahre vertrat er als Botschafter die DDR in Polen.

Büste Friedrich Wolfs im Garten der Gedenkstätte

Zwei seiner sieben Kinder wurden sehr bekannt. Konrad Wolf war einer der wichtigsten ostdeutschen Filmregisseure, dessen Bruder Markus machte Karriere als Spionagechef des DDR-Auslandsgeheimdienstes.

Lehnitz wurde Friedrich Wolfs letzter Wohnort. Heute befindet sich in seinem Haus eine Gedenkstätte.

ORANIENBURG KOMPAKT

mit S1 Richtung Oranienburg, RE5, RB32, RB20

über A111 bis Ausfahrt Oranienburg, dann B96, dann B273 bis Oranienburg, alternativ A111 bis Ausfahrt Oranienburg, dann B96

Tourist-Information Oranienburg
Schloßplatz 2
16515 Oranienburg
Tel.: 03301 / 522 00 40
info@oranienburg-erleben.de
www.oranienburg-erleben.de

ReMO – Regionalmuseum Oberhavel im Schloss Oranienburg
Schloßplatz 1
16515 Oranienburg
Tel.: 03301 / 601 57 70 oder 03301 / 601 57 71
remo@oberhavel.de
www.remo.oberhavel.de

Gedenkstätte und Museum Sachsenhausen
Stiftung Brandenburgische Gedenkstätten
Straße der Nationen 22
16515 Oranienburg
Tel.: 03301 / 200 200
besucherdienst@gedenkstaette-sachsenhausen.de
www.sachsenhausen-sbg.de

Friedrich-Wolf-Gedenkstätte
Alter Kiefernweg 5
16515 Oranienburg OT Lehnitz
Tel.: 03301 / 524 480
kontakt@friedrichwolf.de

Eden Gemeinnützige Obstbau-Siedlung eG
Struveweg 501
16515 Oranienburg
Tel.: 03301 / 523 26
info@eden-eg.de
www.eden-eg.de

Kulturverein Alte Mosterei Eden e. V.
Struveweg 505
16515 Oranienburg
Tel.: 0162 / 215 80 28 oder 03301 / 573 423
kontakt@kulturverein-eden.de
hwww.kulturverein-eden.de

Schlossrestaurant »Lieschen & Luise«
Schloßplatz 1
16515 Oranienburg
Tel.: 03301 / 702 547
info@schlossrestaurant-oranienburg.de
www.schlossrestaurant-oranienburg.de

Restaurant Zum Taubenschlag
Hohenbrucher Str. 2
16515 Oranienburg
Tel.: 03301 / 531 732
www.restaurant-zum-taubenschlag.de

Oranienburger Strand am Lehnitzsee
Mainzer Str.
16515 Oranienburg

Weißer Strand am Lehnitzsee
Magnus-Hirschfeld-Str.
16515 Oranienburg OT Lehnitz

Badestelle »Bolli« am Lehnitzsee
Neptunstr.
16515 Oranienburg OT Lehnitz

Schlosshafen Oranienburg
Rungestr. 47
16515 Oranienburg
www.oranienburg-erleben.de/poi/schlosshafen-oranienburg

Lubea Yachthafen und Bootsvermietung
Rüdesheimer Str. 21
16515 Oranienburg
www.lubea-service.de

Wassersportzentrum Oranienburg GbR
Lehnitzstr. 101
16515 Oranienburg
www.wassersportzentrum-oranienburg.de

FamilyRocks Boulderhalle
Johannes Halwas und Rene Meyer GbR
Chausseestr. 62
16515 Oranienburg
Tel.: 03301 / 571 65 49
info@familyrocks.de
www.familyrocks.de

TURM ErlebnisCity Oranienburg
Sport- und Erlebnisbad
Saunalandschaft, Wellness
FitnessCenter, BowlingCenter
Klettern, Hallensport
André-Pican-Str. 42
16515 Oranienburg
Tel.: 03301 / 573 811 11
kundencenter@erlebniscity.de
www.erlebniscity.de/sport-und-erlebnisbad

Hotel An Der Havel
Albert-Buchmann-Str. 1
16515 Oranienburg
Tel.: 03301 / 69 20
info@hotelanderhavel.de
www.hotelanderhavel.de

Basalt Lodge am Lehnitzsee
Magnus-Hirschfeld-Str. 32
16515 Oranienburg OT Lehnitz
Tel.: 0170 / 270 68 74
m.gregorzewski@icloud.com
www.basalt-lodge.com

Havelradweg, Radweg Berlin-Kopenhagen, Löwenberger Landradweg, Fontane Radweg, Radweg Ruppiner Seenland

5. Etappe »66-Seen-Wanderweg«,
30 km
Stadtwanderung Oranienburg
12 km
Rund um den Lehnitzsee
9 km
Parkspaziergang durch den Schosspark Oranienburg
6,3 km
Tourendaten unter www.oranienburg-erleben.de/erlebnisse/tourentipps/wandertouren

BERLINER HAVELLAND

Havelufer bei Kladow

Buddy

HENNIGSDORF

Die Stadt war ursprünglich eine Fischersiedlung. Die Industrialisierung begann im 19. Jahrhundert mit einem Sägewerk. Eine Flugzeugfabrik begann zu produzieren, während des Ersten Weltkriegs wurden Rüstungsgüter, später Elektrolokomotiven hergestellt. Ein Stahl- und Walzwerk entstand. Nach Plänen von Peter Behrend wurde eine Siedlung für die Arbeiter errichtet, heute steht sie unter Denkmalschutz und heißt nach Walter Rathenau, dem Außenminister der Weimarer Republik.

Während des Zweiten Weltkriegs arbeiteten hier Häftlinge der Konzentrationslager Sachsenhausen und Ravensbrück unter unmenschlichen Bedingungen. Das 1945 verstaatlichte Stahlwerk beschäftigte in Spitzenzeiten um die 8500 Menschen.

Heute ist die Belegschaft sehr viel kleiner. Den Lokomotivbau übernahm das kanadische Unternehmen Bombardier. Zum Werksgelände gehört ein Hafen, der offensichtlich brach liegt. Dafür gibt es am Oder-Havel-Kanal eine Marina für Haus- und Motorboote.

HENNIGSDORF KOMPAKT

S25

A111, Abbiegen auf Schulzendorfer Str., dann Ruppiner Chaussee

Stadtinformation
Rathausplatz 1
16761 Hennigsdorf
Tel.: 03302 / 877 320
www.hennigsdorf.de

Dorfidyll – Industriestadt – Lebensort
Altes Rathaus
Hauptstr. 3
16761 Hennigsdorf
akaprol-gebhardt@hennigsdorf.de
www.hennigsdorf.de

Gasthaus »Am Dorfanger«
Dorfstr. 54
16761 Hennigsdorf
Tel.: 03302 / 801 420
franke.dorfanger@web.de
www.gasthaus-am-dorfanger.de

Die Milchmanufaktur
Luisenhof Milchmanufaktur
Parkallee 1
16727 Velten
Tel.: 03304 / 244 310
info@luisenhof-milchmanufaktur.de
www.milchmanufaktur.berlin

Motel Daria
Voltastr. 1

16761 Hennigsdorf
Tel.: 0176 / 566 195 47
info@motel-daria.de
www.motel-daria.de

Marina Stadthafen Hennigsdorf
Hafenstr. 24
16761 Hennigsdorf
Tel.: 03302 / 494 44 50 oder 0151 / 235 111 28
info@flexmarine.de

Kajakguru Kanuverleih
SUP/Kanu/Kajak
Hafenstr. 24
16761 Hennigsdorf
Tel.: 0160 / 480 95 98
info@kajakguru.de
www.kajakguru-verleih.de

Rund um den Nieder Neuendorfer See
Länge: 18 km
www.bikemap.net/de/r/2761145

S-Bahnhof Hennigsdorf–Altfriesack
Länge: 48 km
www.bikemap.net/de/r/6276861

Hafen Hennigsdorf und StegCafé Da Salvatore, Runde ab Hennigsdorf (bei Berlin)
Länge: 7,33 km

Kunst im Nirgendwo und Am Havelkanal, Runde ab Hennigsdorf (bei Berlin)
Länge: 10,4 km
www.komoot.de/smarttour/14740256

TEGEL

Der Flughafen machte diesen Berliner Ortsteil einst weltbekannt. Sein zentrales Abfertigungsgebäude war die erste große Arbeit der Hamburger Architekten von Gerkan und Marg und wurde berühmt für seine kurzen Wege. Nunmehr ruht der Flugverkehr.

Alt-Tegel ist der Kern eines slawischen Fischerdorfs. Der Name bedeutet »Anhängsel«, gemeint ist: die Lage am See. Neben der Dorfkirche steht ein Gedenkstein für Wilhelmine von Holwede, geborene Colomb, Tante der Gebrüder Humboldt.

Das nahe gelegene Elternhaus der Geschwister, ein nach Plänen Schinkels umgebautes Renaissanceschloss, befindet sich bis heute im Besitz der Humboldt-Nachfahren. Ein privates Museum und der Park sind für Publikum geöffnet.

Am Ufer des Tegeler Sees schaukeln Boote. Wasservögel hocken am Rand. Die Wellen spiegeln den Himmel, am Seeufer sitzen Segelclubs. Das Gewässer ist, wie der Wannsee, eine fünf Kilometer lange Ausbuchtung des Flusses. Man kann hier gut baden.

Auf der Greenwichpromenade spazieren Ausflügler. Kinder und Hunde laufen durch die Grünanlagen. Schiffe laden zu Rundfahrten ein.

Im Tegeler See liegen eine Reihe von Inseln. Auf Reihenwerder steht eine Villa, die einst der Familie Borsig gehörte. Deren Unternehmen ging 1898 in Betrieb und hatte sowohl Wasser- wie Schienenanschluss. Neben Dampfmaschinen und Lokomotiven wurden Kältemaschinen, Dampfpflüge und Dampfstraßenbahnen hergestellt. Während der Weltwirtschaftskrise nach 1928 stand Borsig kurz vor dem Zusammenbruch. Die Fusion mit der AEG der Familie Rathenau verhinderte dies. 1935 übernahm die Düsseldorfer Rheinmetall den Standort, produziert wurden jetzt Rüstungsgüter. Nach Kriegsende gründete sich die Borsig AG neu, wechselte 1956 den Besitzer und war schließlich insolvent. Die Reste übernahm ein Finanzinvestor.

Borsigturm in Berlin-Tegel

Auf dem vormaligen Werksgelände erheben sich riesige Backsteinbauten. Der Borsigturm ist neben dem Ullsteinhaus in Tempelhof ein Beispiel für den Berliner Backsteinexpressionismus, der Entwurf stammt in beiden Fällen von dem Architekten Eugen Schmohl. 1922 fertig gestellt, diente er anfangs als Wasserturm, später wurde er Bürogebäude. Die Lounge in der Turmspitze bietet einen grandiosen Panoramablick auf die deutsche Hauptstadt.

TEGEL KOMPAKT

U6 Haltestelle Alt-Tegel
S25 Station Tegel

A111, Waidmannsluster Damm, Karolinenstr. bis Medebacher Weg
oder Müllerstr., Scharnweberstr., Seidelstr. bis Veitstr.

Artpark Tegel
Neheimer Str. 6
13507 Berlin

Tegeler Hafen mit IBA-Bauten
und Humboldt-Bibliothek
Karolinenstr. 19
13507 Berlin

Tel.: 030 / 902 945 921
humboldt-bibliothek@reinickendorf.berlin.de
www.berlin.de (Humboldt-Bibliothek)

Greenwichpromenade am Tegeler See mit Tegeler Hafenbrücke »Sechserbrücke« und Anleger Tegel Greenwichpromenade
Kontakt: Stern und Kreisschiffahrt GmbH
Puschkinallee 15
12435 Berlin
Tel.: 030 / 536 36 00
info@sternundkreis.de
www.sternundkreis.de

Borsigturm
Berliner Str. 27
13507 Berlin

Schloss Tegel (Humboldt-Schloss)
Schlosspark und Familiengrabstätte
Adelheidallee 19
13507 Berlin
Tel.: 030 / 434 31 56

Hotel am Borsigturm
Am Borsigturm 1
13507 Berlin
Tel.: 030 / 430 360 00
www.hab.berlin

Victor's Residenz-Hotel Berlin-Tegel
Holländerstr. 31
13407 Berlin
Tel.: 030 / 457 970
info.tegel@victors.de
www.victors.de (Hotel Berlin-Tegel)

Restaurant Weil
Maureen Markoski
Alt-Tegel 6
13507 Berlin
Tel.: 030 / 434 014 391
restaurant.weil@web.de
www.restaurantweil.de

Fisherman's Restaurant
Eisenhammerweg 20
13507 Berlin
Tel.: 030 / 437 464 70
info@fishermans-berlin.de
www.fishermans-berlin.de

Strandbad Tegel
Schwarzer Weg 95
13505 Berlin

Bootsvermietung Berlin Tegeler See
Gabrielenstr. 77
13507 Berlin
Tel.: 0163 / 739 46 02

Minigolf und Bootsvermietung Mühl
Greenwichpromenade
13507 Berlin
Tel.: 030 / 616 332 11

Tegeler See, Runde ab Alt-Tegel
Länge: 25,1 km
www.komoot.de/smarttour/5257239

Nordufer Tegeler See und Tegeler Forst, Runde ab Borsigwerke
Länge: 17,2 km
www.komoot.de/smarttour/3911699

Tegeler See und Sechserbrücke, Runde ab Alt-Tegel
Länge: 14,7 km
www.komoot.de/smarttour/23285

Badestelle Tegeler See und Wildgehege im Tegeler Forst, Runde ab Tegel
Länge: 3,20 km
www.komoot.de/smarttour/3658084

SPANDAU

Turm der Nikolaikirche in Spandau mit Denkmal von Kurfürst Joachim II.

Das Havelland war im 7. Jahrhundert bewohnt von den westslawischen Hevellern. Auf dem Gebiet des heutigen Spandau befand sich eine Burganlage, die 1157 in den Besitz Albrechts des Bären, des ersten brandenburgischen Markgrafen, geriet. Der ließ sie umbauen. Sie wurde Siedlungskern der heutigen Altstadt.

Der Italiener Francesco Chiaramella de Gandino begann 1560 mit dem Bau der Zitadelle. Rochus von Lynar, ein Landsmann, vollendete ihn.

1567 kam es zum sogenannten Knüppelkrieg zwischen Berlin und Spandau: Aus einer Volksbelustigung wurde eine blutige Prügelei. Die Spandauer entwickelten dabei so viel Ehrgeiz, dass sie die Auseinandersetzung gewannen. Kurfürst Joachim II. ließ den Spandauer Bürgermeister dafür Monate lang inhaftieren.

Während des Dreißigjährigen Krieges (1618–1648) war Spandau Garnison. Militär sollte auch in Zukunft das Schicksal der Stadt bestimmen. Erste Rüstungsindustrien siedelten sich an. 1846 erfolgte der Anschluss an die Eisenbahn. Hafenanlagen entstanden, die Bevölkerung wuchs. Die Firma Siemens & Halske errichtete Industriegebäude, die Siemensstadt entstand. 1920 wurde der Ort ein Stadtteil von Groß-Berlin.

Die Redewendung Nullachtfuffzehn geht zurück auf das Maschinengewehr 08/15, mit dem alle deutschen Infanterie-Truppen im Ersten Weltkrieg ausgerüstet wurden und das tagtäglich im Einsatz war. (08 steht für das Jahr der Einführung, 15 für das ihrer Weiterentwicklung.) In Spandau-Stresow, gegenüber der Altstadt, befand sich ein Rüstungskomplex, der diese Waffe fertigte, die Reichswehr nannte sie Spandau-MG.

Vorbei an Fachwerkhäusern geht der Weg durch die Altstadt bis zur Nikolaikirche. Hier wurde 1889 ein Denkmal für Kurfürst Joachim II. aufgestellt, der 1539 in diesem Gotteshaus zum evangelischen Glauben konvertierte.

Hinter der Kirche befindet sich ein kleines Museum mit Café. Der Kolk mit seinen alten Fachwerkhäusern war einst eine Insel und Spandaus ältester Siedlungsgrund. Teile der alten Stadtmauer sind erhalten.

DIE ZITADELLE SPANDAU gilt als eine der besterhaltenen Renaissancefestungen in Europa. Ihr Grundriss ist quadratisch, mit vorgelagerten Bastionen an jeder der vier Ecken, umgeben wird sie von einem Wassergraben. Alles überragt der 30 Meter hohe Juliusturm, dessen Zinnenkranz Karl Friedrich Schinkel entwarf. Nach 1871 war hier das Reparationsgold des besiegten Frankreichs eingelagert, was in der jungen Bundesrepublik den Juliusturm zu einem Synonym für hohe staatliche Rücklagen machte. Das Synonym ging verloren. Die Bundesrepublik hat keine hohen staatlichen Rücklagen mehr.

Immer wieder diente die Zitadelle als Gefängnis. Kriminelle saßen hier ein, Attentäter, auch Mätressen. In drei Kilometer Entfernung gab es noch eine weitere Haftanstalt. Nach dem Reichstagsbrand 1933 machten die Nazis sie zum Schutzhaftlager. Der Journalist Carl von Ossietzky und der »Rasende Reporter« Egon Erwin Kisch saßen hier ein. Letzte prominente Häftlinge waren zwei im Nürnberger Kriegsverbrecherprozess Verurteilte: der Architekt und Rüstungsminister Albert Speer sowie der Hitler-Stellvertreter Rudolf Heß. Des Letzteren Tod 1987 bedeutete das

Aufgang zur Spandauer Zitadelle

Ende der Haftanstalt: Sie wurde abgerissen.

Das Festungsinnere ist über eine Brücke erreichbar. Eine Dauerausstellung befindet sich im Proviantmagazin und umfasst Denkmäler, die aus dem Berliner Stadtbild entfernt wurden: Standbilder der ehemaligen Siegesallee und auch der 3,5 Tonnen schwere Kopf des Lenin-Denkmals in Friedrichshain, 1991/92 abgerissen, gegen teilweise heftigen Protest. Die einzelnen Teile der Statue wurden an verschiedenen Orten vergraben. Den Leninkopf fand man bei den Müggelbergen.

Altbauten am Kolk

SPANDAU KOMPAKT

U7 bis Altstadt Spandau
S5, S9, RB10, RB14, RE2, RE4, RE6, RE8
bis Bhf Spandau

130, 134, 135, 136, 137, 237, 337, 638,
671, M32, M36, M37, M45,
N4, N7, N30, N34, X33, X36
bis Bhf Spandau

A100, Abfahrt Spandauer Damm, Ruhlebener Str., Klosterstr.

Zitadelle Spandau
Am Juliusturm 64
13599 Berlin
www.zitadelle-berlin.de

Altstadt Spandau
13597 Berlin
www.altstadt-spandau.de

St. Nikolai Kirche und Reformationsplatz
Reformationsplatz
13597 Berlin
www.nikolai-spandau.de

Museum »Spandovia sacra«
Reformationsplatz 12
13597 Berlin
museum@nikolai-spandau.de
www.nikolai-spandau.de/wir/museum

Burgwallschanze
Ruhlebener Str. 205
13597 Berlin

Behnitz / Kolk
mit Resten der Stadtmauer
Hoher Steinweg 7
13597 Berlin

BMW Motorrad Werk
Einzelbesucherführung
Gruppenführung
Exklusivführung
Afterwork-Führungen
Am Juliusturm 14–38
13599 Berlin
www.bmwgroup-werke.com

Havelwerke
mit Boulderhalle »Cliffhanger«
Telegrafenweg 21
13599 Berlin
www.cliffhanger-berlin.de

Boutique Hotel Sena
Weinmeisterhornweg 42
13595 Berlin
Tel.: 030 / 773 797 01
info@hotel-sena.de
www.hotel-sena.de

Hotel Lindenufer Berlin
Breite Str. 36
13597 Berlin
Tel.: 030 / 353 77 00
info@hotel-lindenufer.berlin
www.hotel-lindenufer.berlin

Brauhaus Spandau – Restaurant & Hotel
Neuendorfer Str. 1
13585 Berlin
Tel.: 030 / 353 90 70
info@brauhaus-spandau.de
www.brauhausspandau.de

Restaurant Stilbruch
auf der Insel Eiswerder
Eiswerderstr. 22
13585 Berlin
Tel.: 030 / 335 055 80
stilbruch-restaurant@t-online.de
www.stilbruch-restaurant.de

Tegeler See Radroute
Länge: 20,6 km
www.komoot.de/tour/260633330

Spandau Peng! Festung und Rüstung – Radtouren in Spandau
Länge: 24,2 km
www.komoot.de/tour/274541283

Große Eiswerderbrücke und Uferweg
Insel Eiswerder, Runde ab Altstadt Spandau
Länge: 10,9 km
www.komoot.de/smarttour/3634572

Wildgehege im Spandauer Forst und Kuhlake, Runde ab Tegelort
Länge: 13,9 km
www.komoot.de/smarttour/23268

KLADOW

Das 700-jährige Fischerdorf entdeckten Ende des 19. Jahrhunderts vermögende Berliner. Wolf Wertheim, Mitinhaber des Warenhauskonzerns, ließ sich hier eine Villa erbauen. Begehrt waren vornehmlich Grundstücke unmittelbar am Wannseeufer, die freilich ständig bedroht waren von Hochwasser. Der Rüdersdorfer Zementfabrikant Robert Guthmann ließ das Kladower Ufer mit Müll aufschütten, wodurch der Bau weiterer Landhäuser mit Seeblick möglich wurde. Der Bankier Max Fränkel kaufte in den 1920er Jahren ein Kladower Sommerhaus mit zugehörigem Grundstück. Der Gartenarchitekt Erwin Barth, ein Förderer der Volksparkbewegung, gestaltete die Grünanlagen: Er entwarf verschiedene Gärten auf unterschiedlichen Terrassen, verbunden durch Treppen und Wege, umgeben von Hecken und Mauern aus Rüdersdorfer Kalkstein.

Als Jude musste Fränkel 1933 Deutschland verlassen, sein Besitz fiel an den NS-Staat. Die Anlage verkam. Wiederhergestellt ist sie seit 2016 zugänglich. Es gibt ein Besucherzentrum samt Sommercafé, umgeben von Rosengarten, Obst- und Gemüsebäumen, einem Wasserfall, Teichen und einem Teepavillon. Die Terrasse ermöglicht den Blick zur Pfaueninsel.

Landhausgarten Dr. Max Fränkel in Kladow

Gutshaus Neukladow

Nahebei liegt das Gut Neukladow. Einst gehörte sein Gelände dem Spandauer Benediktinerinnenkloster St. Marien, durch die Reformation fiel es an die Hohenzollern. 1799 vermachte es König Friedrich Wilhelm III. seinem Kabinettsrat Mencken, der ein frühklassizistisches Gutshaus errichten und einen Park anlegen ließ.

Zementfabrikant Guthmann erwarb das Gut 1887. Sohn Johannes, Kunstsammler und Schriftsteller, ließ Haus und Park umgestalten. Er unterhielt hier einen Salon. Seine »Kladower Abende« besuchten Persönlichkeiten wie Max Reinhardt, Gerhart Hauptmann, Walter Rathenau und Max Liebermann. 1928 an die Stadt Berlin verkauft, blieb das Anwesen lange ungenutzt. Der Freundeskreis der Guthmann Akademie nahm sich seiner an und veranstaltet den Neu-Cladower Salon. Die jüdische Dichterin Mascha Kaléko verbrachte zwei Jahrzehnte lang in Kladow ihre Sommer. Sie verfasste auf die Ortschaft ein anrührendes Gedicht, das so beginnt:

Ich denke oft an Kladow im April ...
Noch hält der Frühling sich im Wald verborgen,
Die Ufer warten kahl und winterstill,
Und nur die ersten Knospen rufen: »morgen!«

SCHWANENWERDER Die Fähre von Kladow nach Wannsee umrundet die Insel Imchen mit ihrer großen Kormorankolonie. Sie fährt vorbei an Schwanenwerder.

Einst war der Cladower Sandwerder ein kahles Gelände. 1882 kaufte ein Petroleumlampenfabrikant das 25 Hektar große Areal, parzellierte es und ließ eine Inselstraße mit Zugang zum Festland anlegen. Er setzte einen neuen Namen durch: Schwanenwerder.

Die Villen auf der Insel gehörten Geldleuten und Industriellen, im Volksmund hieß das »Bonzenwerder«. Nach 1933 wurden die jüdischen Immobilien enteignet, nun zog die Nazi-Elite ein: Propagandaminister Joseph Goebbels, Rüstungsminister Albert Speer, Hitlers Leibarzt Theodor Morell. In einer der Villen betrieb das Deutsche Frauenwerk eine »Reichsbräuteschule«, gedacht für künftige Ehefrauen von NSDAP-Leuten und Mütter von arischem Nachwuchs.

In der Nachkriegszeit verfielen viele Häuser. Einige erwarb das Land Berlin, um sie an neue Käufer weiterzureichen. Schwanenwerder wurde schließlich wieder eine Nobeladresse, Immobilienbesitzer wurden Leute wie der Verleger Axel Springer oder der Schraubenfabrikant Reinhold Würth.

KLADOW KOMPAKT

Vom S-Bhf Wannsee mit der Fähre F10
Vom Bhf Spandau Bus 135

B2, Einbiegen auf Ritterfelddamm

Kladower Kulturgarten
Landhausgarten Dr. Max Fränkel
mit Sommercafé
Lüdickeweg 1
14089 Berlin
www.sommercafe-kladow.de

Gutspark Neukladow
mit dem Herrenhaus
Gutshaus Neukladow
Neukladower Allee 9–12
14089 Berlin
Tel.: 030 / 364 138 92
info@gutshausneukladow.de
www.gutshausneukladow.de

Militärhistorisches Museum
MHM Flugplatz Berlin-Gatow
Am Flugplatz Gatow 33
14089 Berlin
Tel.: 030 / 368 726 27
info@luftwaffenmuseum.com
www.luftwaffenmuseum.org

Bootshaus
Restaurant mit Biergarten
Kiosk und Bootsverleih
Verlängerte Uferpromenade 21
14089 Berlin

Tel.: 030 / 398 316 00
www.bootshaus-kladow.de

Maisel's Biergarten
Imchenallee 44
14089 Berlin
am Fähranleger Kladow
Tel.: 030 / 678 155 62
team@maisels-biergarten.de
www.maisels-einkehr.de

Essbarer Garten Kladow
Imchenallee 66
14089 Berlin
Tel.: 0179 / 977 01 46
gaertnerin@essbarer-garten-kladow.de
www.essbarer-garten-kladow.de

Kinder- und Familienbauernhof Vierfelderhof gGmbH
Groß-Glienicker-Weg 30
14089 Berlin
Tel.: 030 / 369 969 12
www.vierfelderhof.de

Kladower Promenadenhafen
Imchenallee 34
14089 Berlin
Tel.: 0152 / 238 910 80
info@hafen-kladow.de
www.hafen-kladow.de

Badestelle Groß Glienicker See, Süd
Verlängerte Uferpromenade 14
14089 Berlin

Badestelle Breitehorn Kladow-Gatow
Breitehornweg 34
14089 Berlin

Golfclub Gatow
Sparnecker Weg 100
14089 Berlin
Tel.: 030 / 365 00 06
info@golfclubgatow.de
www.golfclubgatow.de

Gutspark Neukladow–Havelradweg, Runde ab Kladow
Länge: 28,5 km
www.komoot.de/smarttour/19260312

An der Havel und Sacrower See, Runde ab Kladow
Länge: 17,8 km
www.komoot.de/smarttour/263079

Havel und Strand an der Havel, Runde ab Kladow
Länge: 6,44 km
www.komoot.de/smarttour/18973359

Fähranleger Kladow und Gutspark Neukladow, Runde ab Kladow
Länge: 7,18 km
www.komoot.de/smarttour/9999719

WANNSEE

Der Ortsteil im Südwesten Berlins ist umgeben von Gewässern und Wäldern. Großteils liegt er auf einer Insel. Der Große Wannsee ist nichts anderes als eine zwölf Kilometer lange Havelbucht. Ihr Ostufer bildet eine steil abfallende Düne. Seit jeher ist er ein Anziehungspunkt für Ausflügler und Wassersportler. An warmen sonnigen Sommertagen wirkt der Ort fast mediterran.

Ursprünglich war dies alles ein von Slawen bewohntes Dorf namens Stolpe, der Name bedeutet Pfahl oder Pfosten. Später kamen deutsche Siedler. Wirtschaftlichen Aufschwung erfuhr das Dorf ab dem 18. Jahrhundert.

Um 1870 beschloss ein Berliner Bankier, Wilhelm Conrad, sich hier einen Sommersitz zu nehmen. Er erwarb einen Gasthof, ließ ihn abreißen, kaufte weiteres Gelände und errichtete eine Sommervilla, die er nach der dänischen Insel Alsen benannte. Sie wurde Keimzelle der späteren Landhauskolonie dieses Namens. Gustav Meyer, ein Schüler Peter Joseph Lennés, wurde mit der Planung einer Parklandschaft beauftragt. Teile seines Grundbesitzes wurden später parzelliert und veräußert. Geschäftsleute

Blick auf den Wannsee

und Intellektuelle kauften und ließen bauen. 1872 standen hier zwölf Villen. Die Kolonie verfügte über eine eigene Wasser- und Elektrizitätsversorgung. 1874 ging die Wannseebahn in Betrieb. 1898 schlossen sich Stolpe, die Colonie Alsen und Nikolskoe unter dem Ortsnamen Wannsee zusammen, ab 1920 gehörte man zu Groß-Berlin.

Die Häuser wurden modernisiert und waren nun ganzjährig bewohnbar. Ab 1933 wurden jüdische Besitztümer enteignet. Der Zweite Weltkrieg hinterließ erhebliche Zerstörungen. Neubauten entstanden. Manche Gebäude erfuhren eine öffentliche Nutzung.

Eine der Villen hier gehörte einst dem Lampenfabrikanten Heinrich Wild. Das im Stil des Spätklassizismus errichtete Gebäude hat einen auffälligen Turm, davor steht eine Skulptur der Borussia, Symbolfigur des Staates Preußen, geschaffen von den Bildhauern Eduard und Andreas Lürssen. Ein Monument nahebei zeigt, eines von vielen im Land, den Reichskanzler Otto von Bismarck. Geschaffen hat es Reinhold Begas.

LIEBERMANN Am Ende der entlang des Westufers verlaufenden Colomierstraße steht die Villa des Malers Max Liebermann. Der damals 63 Jahre alte Maler bezog sie mitsamt seiner Familie im Jahre 1910. Ein Vierteljahrhundert lang verbrachte er hier seine Sommermonate.

Geboren wurde er in eine äußerst wohlhabende Familie. Sein Großvater Josef, ein Cousin des AEG-Gründers Emil Rathenau, betrieb ein erfolgreiches Textil- und Maschinenbauunternehmen. Sohn Louis führte das Unternehmen fort und kaufte das von Friedrich August Stüler entworfene Palais östlich des Brandenburger Tores in Berlin, das später dessen Sohn Max bezog. Der war, neben Max Slevogt und Lovis Corinth, der wichtigste Maler des deutschen Impressionismus.

Max Liebermann, 1904

Nach dem Studium in Weimar ging er nach Frankreich, wo er, in der dortigen Künstlerkolonie Barbizon, den Impressionismus der Landschaftsmalerei und die Darstellung sozialer Themen übernahm. Dies und der niederländische Barock waren seine wichtigsten Inspirationen.

1884 ließ er sich in Berlin nieder und heiratete eine entfernte Verwandte, Martha Marckwald. Bald zählte er zu den bekannten deutschen Bildkünstlern. 1892 gründete er mit anderen, in Opposition zum akademischen Kunstbe-

Die Liebermann-Villa von der Seeseite aus

trieb, eine eigene Vereinigung, die Berliner Secession. 1897, zu seinem 50. Geburtstag, wurde er Mitglied der Preußischen Akademie der Künste und später deren Präsident.

Sein Werk ist riesig: Gemälde, Aquarelle und Grafiken. Sie zeigen Landschaften, Arbeitsszenen und immer wieder Porträts.

Im Alter von 80 Jahren zog er sich zurück. Er erfuhr antisemitische Anfeindungen. Hitlers Ernennung zum Reichskanzler 1933 erlebte er in seinem Stadtpalais. Als die Nazis unter seinem Fenster mit einen Fackelzug feierten, tat er den berühmt gewordenen Ausspruch: »Ick kann jar nich so viel fressen, wie ick kotzen möchte.« Aus Protest legte er sämtliche Ämter nieder. 1935 starb er. Fünf Jahre später musste seine Witwe die Villa am Wannsee weit unter Wert verkaufen. Als ihr 1943 die Deportation ins Konzentrationslager drohte, nahm sie sich mit 85 Jahren das Leben.

DIE VILLA LIEBERMANN wurde 1944 zu einem Lazarett. Sie blieb Krankenhaus bis 1969 und war danach Sitz eines Tauchervereins. Erst ab 2002 wurde sie restauriert und öffnete 2006 als Museum.

Das Haus und der Garten sind ein eindrucksvolles Anwesen. Entworfen hat den Bau der Architekt Paul Otto Baumgarten, beraten hat der

Gärtnerhaus der Liebermann-Villa

Kunsthistoriker und Gartenreformer Alfred Lichtwark. Vorbild war ein Landhaus an der Hamburger Elbchaussee. Das Atelier hier befand sich im ersten Stock.

Der Zugang zum Museum erfolgt durch das Gärtnerhaus und durch den hinteren Garten. Gezeigt werden im Haus um die 20 Arbeiten Max Liebermanns. Im Erdgeschoss gibt es ein Café mit Gartenterrasse. Der Blick auf den sonnenüberfluteten Wannsee ist überwältigend schön.

HAUS DER WANNSEEKONFERENZ Auch diese Villa entwarf Liebermanns Architekt Baumgarten, und zwar für den Pharmaziefabrikanten Ernst Marlier. Nachfolgender Besitzer war der Generaldirektor des Stinnes-Konzerns mit seinen guten Kontakten zu den Rechtsradikalen. 1941 kaufte das Haus die SS-Stiftung Nordhav, um sie als Schulungs-, Tagungs- und Erholungsheim zu nutzen.

Am 20. Januar 1942 trafen sich hier, unter Vorsitz von SS-Obersturmbannführer Reinhard Heydrich, 15 hochrangige Vertreter von Regierung, NSDAP und SS. Die damals längst laufende Verfolgung europäischer Juden sollte koordiniert und die industrielle Massenvernichtung festgelegt werden. Die Geschichtsschreibung nennt jene Zusammenkunft Wannseekonferenz.

Haus der Wannseekonferenz

Nach dem Krieg mietet die SPD das Anwesen. Später wurde es ein Schullandheim. Erst seit 1992 ist es eine Gedenkstätte.

Der Wannseekonferenz und ihren Folgen ist in 14 Räumen eine Dauerausstellung gewidmet. Es gibt Audio- und Videostationen. Es gibt Lesemappen. Der Besuch löst Beklemmungen aus. Man weiß, man befindet sich an jenem Ort, wo ein Massaker, ein Genozid, wo die Ermordung von sechs Millionen Menschen beschlossen wurde.

STOLPER LOCH Eine Brücke trennt den Großen und den Kleinen Wannsee. Letzterer hieß früher Stolper Loch. Das hiesige Seeufer war Schauplatz einer Tragödie, die einen der ganz Großen der deutschen Literaturgeschichte betraf.

HEINRICH VON KLEIST Geboren wurde er 1777 in Frankfurt an der Oder. Eigentlich bestimmt für die Militärlaufbahn studierte er, begab sich auf Reisen und wurde Schriftsteller. Er verfasste Theaterstücke und erzählende Prosa. Das Schauspiel »Der Prinz von Homburg«, die Komödie »Der zerbrochene Krug« und die Novelle »Michael Kohlhaas« wurden seine bekanntesten Arbeiten. Er war ein wortgewaltiger Dichter und ein Mensch mit extremen Überzeugungen, Haltungen und Emotionen.

Heinrich von Kleist

Gemeinsam mit einer Bekannten, der an Krebs erkranken Henriette Vogel, fuhr Kleist am 20. November 1811 zum Stolper Loch. Beide übernachteten dort. Sie verfassten Abschiedsbriefe. Kleists Zeilen waren an seine Schwester Ulrike gerichtet und enthielten die Worte »... die Wahrheit ist, dass mir auf Erden nicht zu helfen war«.

Kleist und Henriette gingen zum Ufer. Kleist nahm eine Pistole und schoss der jungen Frau, auf deren ausdrücklichen Wunsch hin, in die Brust. Danach schoss er sich selber in den Mund.

Auf christlichen Friedhöfen durften die beiden Selbstmörder nicht beigesetzt werden, also begrub man sie hier.

Heute steht an dieser Stelle ein Gedenkstein. Er ist der dritte seiner Art. Den ersten beseitigten die Nazis, da er Verse des (heute vergessenen) jüdischen Dichters Max Krug trug. Das von ihnen errichtete Grabmal wurde 2011 ausgetauscht. Seither sind die Worte von Max Krug wieder zu lesen:

Blick zum Stolper Loch

Er lebte, sang und litt
In trüber, schwerer Zeit
Er suchte hier den Tod
Und fand Unsterblichkeit

LITERARISCHES COLLOQUIUM Auf der Ostseite des Großen Wannsees, Am Sandwerder 5, steht eine große Gründerzeitvilla mit weitläufigem Garten mit bewegter Geschichte. Errichtet wurde sie 1884/85, Erstbesitzer war auch hier der Bauunternehmer Guthmann, dessen Enkel und Erbe sie an den Bankier Ernst Goldschmidt vermietete. Carl Zuckmayer, mit Goldschmidt verwandt, schrieb hier sein erstes Erfolgsstück »Der fröhliche Weinberg«.

Nächster Besitzer wurde eine Familie Rosin, die 1935 emigrieren musste. Nach etlichen weiteren Eigentümerwechseln zog 1945 ein Hotel samt Casino ein. 1960 erwarb das Land Berlin das Anwesen.

1963 gründete der Schriftsteller und Hochschullehrer Walter Höllerer das Literarische Colloquium Berlin (LCB). Seine Finanzmittel stellte die Ford Foundation, sein Sitz wurde das Haus Am Sandwerder 5. Es fanden und finden hier öffentliche Veranstaltungen statt. Es gibt Stipendien und für deren Empfänger Gästezimmer. Zweimal fanden hier Tagungen der Gruppe 47 statt, Deutschlands einflussreicher Schriftstellervereinigung. Das LCB ist eines von drei Literaturhäusern in Berlin.

BLUMENTEPPICH Schon in der Bronzezeit war die Pfaueninsel bewohnt. Der Große Kurfürst ließ auf ihr Kaninchen züchten. Der Alchimist und Glasmacher Johannes Kunckel betrieb hier, im Auftrag des Kurfürsten, ein Laboratorium. Kunkel wollte die Glasherstellung in Brandenburg optimieren, die Anlage brannte bis auf die Grundmauern herunter, der Mann war ruiniert.

Preußenkönig Friedrich Wilhelm II., genannt »der dicke Lüderjahn«, ließ seine Mätresse Wilhelmine Encke, die spätere Gräfin Lichtenau, auf dem jahrzehntelang vergessenen Caninchenwerder wohnen. Er veran-

Schloss auf der Pfaueninsel

lasste den Bau des Schlosses, der Meierei und die Anlage eines Parkgartens. Sein Nachfolger Friedrich Wilhelm III. und Königin Luise verbrachten hier die Sommermonate. Der Name lautete seit 1795 Pfaueninsel, wiewohl es die namensgebenden Vögel hierorts noch gar nicht gab.

Durch Peter Joseph Lenné erhielt der Park eine neue Gestalt. Eine Menagerie, eine Fasanerie, ein Palmenhaus und ein Rosengarten entstanden. Auf der Insel lebten nun Hunderte Tiere von teils exotischer Herkunft. Die nachfolgenden Monarchen zeigten für das Eiland wenig Interesse. Dafür wurde es zu einem beliebten Ausflugsziel der Berliner und ist das bis heute geblieben.

WANNSEE KOMPAKT

S1, S7, R1, R7

A115, Potsdamer Chaussee/B1

Liebermann-Villa am Wannsee
Colomierstr. 3
14109 Berlin
Tel.: 030 / 805 859 00
info@liebermann-villa.de
www.liebermann-villa.de

Gedenk- und Bildungsstätte Haus der Wannsee-Konferenz
Am Großen Wannsee 56–58
14109 Berlin
Tel.: 030 / 217 998 600
info@ghwk.de
www.ghwk.de/de

Literarisches Colloquium Berlin
Am Sandwerder 5
14109 Berlin
Tel.: 030 / 816 99 60
mail@lcb.de
www.lcb.de

Kleist-Gedenkstätte
Bismarckstr. 2-4
14109 Berlin
Auf dem Areal zwischen dem Kleinen Wannsee und der Bismarckstr.

Schloss und Schlossgarten Glienicke
Königstr. 36
14109 Berlin
Tel.: 0331 / 969 42 00
info@spsg.de
www.spsg.de (Schloss Glienicke)

Loretta am Wannsee
Kronprinzessinnenweg 260
14109 Berlin
Tel.: 030 / 801 053 33
info@loretta-berlin.de
www.loretta-berlin.de/loretta-am-wannsee

Bootshaus Bolle
Am Großen Wannsee 60
14109 Berlin
Tel.: 030 / 288 330 22
info@bootshaus-bolle.de
www.bootshaus-bolle.de

Hotel Petit
Königstr. 10
14109 Berlin
Tel.: 030 / 806 91 80
hotelpetitwannsee@gmail.com
www.hotel.petit-wannsee.de

Hotel Forsthaus Wannsee
Stölpchenweg 45
14109 Berlin
Tel.: 030 / 805 86 80
info@hotel-forsthaus-wannsee.de
www.hotel-forsthaus-wannsee.de

Schiffstour »7-Seen-Rundfahrt«
und Schiffstour »Weltkulturerbefahrt über Potsdam«
Stern und Kreisschiffahrt GmbH
Puschkinallee 15
12435 Berlin
Tel.: 030 / 536 36 00
info@sternundkreis.de
www.sternundkreis.de

Wannseeperle
(Bootsverleih)
Am Großen Wannsee 58
14109 Berlin
Tel.: 0157 / 838 610 23
www.wannseeperle.de

LACOS
Beach & Boat
Kohlhasenbrücker Str. 20
14109 Berlin
Tel.: 0163 / 156 63 45
www.wannseebootsverleih.de

Strandbad Wannsee
Wannseebadweg 25
14129 Berlin
Tel.: 030 / 221 900 11
www.berlinerbaeder.de (Strandbad Wannsee)

Grunewaldturm und Havelradweg, Runde ab Wannsee
Länge: 29,8 km
www.komoot.de/smarttour/19621970

Blick zur Pfaueninsel und Wannsee, Runde ab Wannsee
Länge: 31,5 km
www.komoot.de/smarttour/15336824

Wannsee und Flensburger Löwe, Runde ab Berlin-Wannsee
Länge: 9,81 km
www.komoot.de/smarttour/326208

Glienicker Brücke und Griebnitzsee, Runde ab Wannsee
Länge: 22 km
www.komoot.de/smarttour/5025278

HAVELLAND UM POTSDAM

Glienicker Brücke

Blick auf das Holländische Viertel
und das Nauener Tor

POTSDAM

Man sieht provinzielle oder ländliche Gesichter (jedenfalls andere wie in Berlin). Ein Krümperwagen kommt vorgefahren, der frischen, jungen Leuten in Uniformen den beschwerlichen Weg zum Bahnhof erspart hat; und – vor allem! – eine ganz unerwartete Weite empfängt uns. Erstaunlich viel Himmel und viel Licht liegt über dem Ganzen. Man sieht eine Menge Grün auf einmal. Parks, Gärten, Wälder. Sanfte ferne Hügelwellen machen uns glauben, dass die Stadt, selbst mit ihren Türmen und Kuppeln in einer Art von weiter Mulde läge.

GEORG HERMANN

Was soll man über Potsdam an dieser Stelle mitteilen? Es gibt über die Stadt jede Menge ausführliche Einzeldarstellungen, Monografien, Reiseberichte und Kunstführer. Die ursprüngliche Slawensiedlung an einem Havelübergang wurde im Mittelalter zum Markt, durch Entscheidungen von brandenburgisch-preußischen Herrschern aus dem Hause Hohenzollern schließlich zu deren Sommer- und Nebenresidenz.

Die Stadt war Garnison, war Wohnsitz betuchter Leute und Tribüne nationalistischen Geschehens. Der Zweite Weltkrieg hinterließ schwere Schäden, die allmählich beseitigt wurden und noch immer werden. Heute ist Potsdam Regierungssitz des Bundeslandes Brandenburg, es ist dessen größte, reichste und einwohnerstärkste Stadt mit Theatern, Museen, Galerien, mit Restaurants und Cafés in jeglicher Preislage, mit einer Konzerthalle und mit Hochschulen.

Wir wollen uns ein paar Aspekten zuwenden.

HERRSCHER Die erste Erwähnung aus dem Jahr 993 findet sich in einer Schenkungsurkunde von Kaiser Otto III. Poztupimi, so der ursprüngliche Name, lag auf dem Gebiet der wendischen Heveller. Es hatte eine Burg, als Kontrollstation für den Wasserverkehr auf Havel und Nuthe. Endgültig zu germanisch-deutschem Besitz wurde Potsdam, wie das übrige Brandenburg, im 12. Jahrhundert. Als Siedler kamen westfälische Kolonisten, angeführt von dem Askanierfürsten Albrecht, genannt der Bär.

Wichtigste zivilisatorische Neuerung war die Stadt. Sie bot Raum für Recht und Kommerz, für Handel und Handwerk, sie hatte ihre eigene Gesetzlichkeit und Freiheit. Potsdam wurde zur Stadt um 1317. Auf den Grundmauern der slawischen Burg entstand eine neue Befestigung.

Der Ort blieb ein Zankapfel märkischer Adelsfamilien. Die Askanier wurden abgelöst durch andere Dynastien und schließlich im 15. Jahrhundert durch die Hohenzollern. Deren Residenz war Berlin, Potsdam blieb ein bedeutungsloser Flecken. Der Dreißigjährige Krieg und Großbrände verwüsteten die Stadt. Bei Regierungsantritt des Großen Kurfürsten lebten von einst 2000 Einwohnern noch 800. Der Monarch ließ die alte Schlossanlage schleifen, um eine größere und prächtigere zu errichten. Er, wie später sein Enkel, betrieb seine Amtsgeschäfte gerne von Potsdam aus.

Auch sein Enkel, Friedrich Wilhelm I., hat viel für die Stadt geleistet. Er holte Holländer und errichtete ihnen ein eigenes Quartier. Er förderte den Pietismus seines Untertanen August Hermann Francke; den Lustgarten des Schlosses ließ er zu einem Exerzierplatz umwandeln. Er bezog Soldaten von überall her. Sein unablässig anwachsendes Heer beschäftigte Tuchweber für die Uniformen und Mechaniker für die Gewehre.

Von alldem profitierte der Potsdamer Merkantilismus. Unter Friedrich Wilhelms Herrschaft wuchs die Stadt auf das Fünffache ihres vorherigen Umfangs. Zum Zwecke der Entspannung ließ sich der König zwischen 1730 und 1732 im holländischen Stil das Schloss Stern errichten, um von hier aus den brutalen Vergnügungen der Parforce-Jagd nachzugehen. Friedrich II. übernahm von seinem Vater das Heer, das er sofort in den ersten seiner drei Kriege führte. Er erhob Potsdam endgültig zur königlichen Residenzstadt.

Standbild Friedrich II.

Auch Friedrich II. ließ bauen. Das Stadtschloss erhielt nun seine endgültige Form, der zweckentfremdete Lustgarten wurde in Teilen reaktiviert. Am Alten Markt wuchsen Rathaus, Barberini-Palais und Predigerhaus.

1745 begann der Bau von Sanssouci, Friedrichs persönlichstem architektonischen Objekt. Das Sommerschloss ist ein einfaches Gemäuer: neun Räume von bescheidener Abmessung, nicht

Merkur (Hermes) am Fontänenrondell im Park Sanssouci, im Hintergund Schloss Sanssouci

unterkellert. Die hier angestrebte Nähe zu Natur und Landschaft lag in der Stimmung der Zeit. Die Promenaden, Spaliere und Lauben von Park Sanssouci erinnern an damalige französische Gärten. Der Weinberg erhebt sich in einer Region, die, jedenfalls in der damaligen Zeit, Trauben kaum gedeihen ließ.

Der zweite Friedrich Wilhelm, Friedrichs Erbe, interessierte sich wenig für Potsdam. Immerhin ließ er am Neuen Garten das Marmorpalais errichten. Friedrich Wilhelm III., der Sohn und Nachfolger, hielt sich, wie sein Vater, nur gelegentlich hier auf. Unter seiner Herrschaft begann die Tätigkeit eines außerordentlichen Architekten.

BAUKUNST Geboren wurde Karl Friedrich Schinkel 1781 in Neuruppin. Er besuchte ein Berliner Gymnasium und entschied sich frühzeitig für den Baumeisterberuf. Er durchlief die entsprechende Ausbildung. Seine erste Arbeit wurde der Pomonatempel in Potsdam.

Er war auch als Maler begabt. Er schuf zahlreiche Landschaftsbilder und bemerkenswerte Ausstattungen für die Oper. Auf Vermittlung Wilhelm von Humboldts erhielt er 1810 eine Stellung in der Berliner Oberbaudeputation. Dies war der Beginn einer Karriere, die ihn zum mächtigsten Architekten im gesamten Königreich werden ließ. Seine Arbeiten

Karl Friedrich Schinkel, 1826

umfassen Bauwerke, Inneneinrichtungen, Gemälde, Monumente, Bühnenbilder, Design. Er hat Gutachten verfertigt. Er hat in Preußen die Denkmalpflege eingeführt. Er hat sich um den architektonischen Nachwuchs gekümmert, etliche seiner Schüler wurden ihrerseits erfolgreiche Baumeister. In dem späteren König Friedrich Wilhelm IV. fand er einen sachverständigen, wiewohl nicht immer geneigten Förderer.

Der Stil seiner Bauwerke reicht vom Klassizismus, der die Mehrzahl seiner Entwürfe prägt, bis zur Neugotik, mit der er den Historismus der Berliner Gründerjahre vorwegnahm. Seine Berliner Bauakademie gilt als Vorbild der Architekturmoderne.

1840 erlitt er einen Schlaganfall. Im Jahr darauf starb er.

Zwei der schönsten Arbeiten Schinkels in Potsdam sind Schloss Charlottenhof und die Römischen Bäder. Auf dem Pfingstberg baute er den Belvedere, im Park von Sanssouci entstand nach seinen Plänen die Neue

Belvedere auf dem Pfingstberg

Orangerie. Die Friedenskirche in Potsdam und die Heilandskirche in Sacrow wurden von ihm auf königlichen Wunsch hin errichtet, beide nach italienischen Renaissancevorbildern.

Zur gleichen Zeit begann in und um Potsdam eine umfangreiche gärtnerische Tätigkeit. Sie sollte die Stadt zum Mittelpunkt einer weitläufigen und großzügig gestalteten Landschaftskomposition machen, mit einem nicht nur für Preußen maßgeblichen Schöpfer.

Peter Joseph Lenné, 1850

ENGLISCHER STIL Peter Joseph Lenné wurde 1789 in Bonn geboren. Schon sein Vater hatte einen einschlägigen Beruf: Er war kurfürstlicher Hofgärtner und betreute den Botanischen Garten der Universität. Die Laufbahn des jungen Peter Joseph war damit vorgezeichnet: Er durchlief eine Gärtnerlehre, studierte Botanik und unternahm mehrere vom Vater finanzierte Studienreisen.

Es war die Zeit, in der die bis dahin europaweit vorherrschenden Barockgärten mit ihren strengen Formen abgelöst wurden durch Landschaftsanlagen im englischen Stil. Der junge Lenné lernte dies durch Besuche kennen. 1816 bewarb er sich beim preußischen Hof und wurde eingestellt.

Seine erste eigene Schöpfung dort war die Gartengestaltung der Gutsanlage Glienicke. Er arbeitete später mit Schinkel und Persius zusammen, auch Stadtplanungen stammen von ihm. Seine Karriere machte ihn schließlich zum mächtigsten Landschaftsarchitekten im Königreich.

Der Umfang dessen, was er während eines halben Jahrhunderts schuf, ist außerordentlich. Seine Landschaftsgärten folgten stets dem nämlichen Prinzip: Sie sind wohlinszeniert. Baumgruppen, Hügel, Wiesen und Wasserflächen spielen ihre genau definierten Rollen. Die Komposition folgt dem Aufbau eines Landschaftsgemäldes aus niederländischer oder romantischer Tradition, mit Vorder-, Mittel- und Hintergrund. Maßgeblich dabei sind die genau berechneten und angelegten Sichtachsen.

Lenné starb, hochgeehrt, im Alter von 77 Jahren.

Der letzte Schlossbau in Potsdam war Cecilienhof. Die Anlage entstand im Neuen Garten und am Rande des Jungfernsees, sie zitiert den Stil englischer Landsitze. Als der deutsche Kronprinz 1912 diesen Bau

Schoss Cecilienhof

plante, mit einem Kostenanschlag von 1,5 Millionen Goldmark, fragten selbst konservative Zeitungen, ob die Hohenzollern in Potsdam denn unbedingt noch einen weiteren Feudalsitz benötigten. Der Bauherr bewohnte mit seiner Familie Cecilienhof von 1917 bis 1918 und dann wieder, nach Abdankung des kaiserlichen Vaters, ab 1923.

Das Schloss wurde im Sommer 1945 international berühmt, als dort die drei Alliierten über das Schicksal des besiegten Deutschland berieten. Truman, Churchill und Stalin einigten sich unter anderem auf die Grenzen ihrer künftigen Besatzungszonen, aus denen dann 1949 die beiden deutschen Staaten hervorgingen. Heute untersteht Schloss Cecilienhof der Stiftung Preußische Schlösser und Gärten und zeigt, unter anderem, die Räume der Potsdamer Konferenz. Das Haus Hohenzollern geniert sich nicht, Cecilienhof als seinen Privatbesitz zurückzufordern.

RUSSISCHER GESANG In der Schlacht bei Jena und Auerstedt erlitten die preußischen Truppen 1806 gegen Napoleon eine herbe Niederlage. In der Folge kam es zu der erzwungenen Koalition Preußens und Frankreichs gegen Russland. 1812 wurden mehr als 1000 russische Soldaten gefangen genommen, 62 davon verblieben in Potsdam. Aus ihnen entstanden ein Chor und formell ein Regiment. 1813, in dem Bündnis von Preußen und Russland, kämpften die einst kriegsgefangenen russischen Soldaten mit gegen Frankreich. Ihr Chor sorgte im Heerlager für Zerstreuung. Zar Alexander I. gestattete seinen Verbleib in Preußen.

1825 lebten von diesen Sängern noch zwölf in Potsdam. Ihre Sangeskunst bezauberte das Publikum derart, dass der König Anweisung gab, ihnen eine ständige Bleibe zu schaffen. Am Rande der Jägervorstadt entstand Alexandrowka.

Wohnhaus in der Alexadrowka

1827 waren die hölzernen Gehöfte im russischen Stil fertig. Jeder Haushalt erhielt eine Kuh.

Der Grundriss der Gesamtanlage hatte die Form eines Andreaskreuzes. Auf dem Kapellenberg steht eine nach Alexander Newski benannte Kirche im altrussischen Stil. Sie wurde von Wassilij Stassow, einem russischen Architekten, und Karl Friedrich Schinkel entworfen. Die Landschaftsgestaltung der Alexandrowka übernahm Peter Joseph Lenné. 2008 ist der letzte direkte Nachfahre einer dortigen Familie, der Schischkoffs, in der Kolonie gestorben.

JUDAICA In einem Privathaus in der kleinen Jägerstraße (heute Wilhelm-Staab-Straße) fanden in der ersten Hälfte des 18. Jahrunderts Gottesdienste für die jüdischen Bewohner Potsdams statt. Sie waren die ersten Glaubensflüchtlinge gewesen, die nach Brandenburg/Preußen kamen, noch vor Hugenotten und Salzburger Protestanten. Der erste Potsdamer Jude wird ums Jahr 1690 erwähnt.

Mehr als eine Generation später lebten in der Stadt ein paar wohlhabende Juden. Ab 1760 gab es einen ersten Rabbiner. 1766 wurde mit dem Bau einer Synagoge begonnen.

Mosaische Vermögen gab es in der Stadt bereits im Zeitalter königlicher Schutzbriefe. David Hirsch und Isaak Wolf waren wohlhabende Textilfabrikanten. In den napoleonischen Kriegen erwiesen sich Potsdams Juden als brave Patrioten: Sie spendeten kultisches Silbergerät, Markus Liebmann fiel als Freiheitskämpfer.

Der Einsteinturm von Erich Mendelsohn

Am 11. März 1812 erließ der preußische König auf Betreiben seines Staatskanzlers Hardenberg ein Edikt, das den Juden im Land die vollen staatsbürgerlichen Rechte zugestand. Im Potsdam des 19. Jahrhunderts erfolgte eine förmliche Explosion jüdischer Gelehrsamkeit: durch den Mathematiker Carl Gustav Jacob Jacobi, durch den Mediziner Magnus Hirschfeld, durch den Literaturwissenschaftler Eduard Engel. Der kleine Judenfriedhof am Pfingstberg zeigt einen deutlich erkennbaren Wechsel der Grabmäler, von den traditionellen Stelen mit hebräischen Zeichen hin zu ausladenden Erbbegräbnissen mit gotischen oder lateinischen Lettern.

Jüdischer Friedhof am Pfingstberg

Im Holländischen Viertel unterhielt eines der radikalsten Presseorgane des damaligen Deutschland, die von Siegfried Jacobsohn gegründete »Weltbühne«, ihr Büro. Die Mitarbeiter der roten Heftchen, voran Kurt Tucholsky, hielten sich gerne und häufig hier auf.

Die Beziehung des jüdischen Physikers und Nobelpreisträgers Albert Einstein zu Potsdam war sehr eng. Eigens für ihn errichtete der Architekt Erich Mendelsohn 1920 auf dem Potsdamer Telegraphenberg einen 20 Meter hohen Turm, ein höchst eindrucksvolles und aufregend avantgardistisches Bauwerk inmitten dieser sonst eher konservativen Stadt.

Man darf den Bau des Einsteinturms als Anzeichen nehmen für die Gelehrsamkeit, die in der Stadt Einzug halten sollte, freilich erst nach dem Zweiten Weltkrieg und mehr noch nach dem Ende der DDR. Potsdam besitzt heute eine Universität und mehrere Hochschulen. Mehr als 20.000 Studenten leben hier. Dass mit dem Moses Mendelssohn Zentrum eine angesehene universitäre Forschungseinrichtung existiert, ist ebenso als Zeichen für die Rückkehr mosaischer Traditionen zu nehmen wie die Einrichtung des Rabbinerseminars Abraham Geiger Kolleg und der Bau einer neuen Synagoge, die den 1938 geschändeten und zerstörten Vorgänger ersetzen wird.

MILITARIA Ein wesentliches Bauwerk des alten, 1945 untergegangenen Potsdam war die Garnisonkirche. Sie beherrschte das Stadtbild durch ihren fast 80 Meter hohen Turm, der die Stadt überragte, und durch ihr Glockenspiel, das im ständigen Wechsel verschiedene Melodien hören ließ. Entworfen hat das Gotteshaus der Barockarchitekt Philipp Gerlach, Bauherr war König Friedrich Wilhelm I. Dessen Begeisterung für Militärisches hat den Zweck des neuen Gotteshauses abgegeben, ablesbar am Namen. Der Monarch wurde hier auch begraben, so wie später sein Sohn.

Das alte Potsdam war eine Stadt des Militärs. Sie war es als königliche Residenz von Preußen, das seinerseits ein Staat des Militärs war. Die Tradition geht zurück auf den Großen Kurfürsten, der ein stehendes Heer einführte, das in den fünf Jahrzehnten seiner Herrschaft von 4000 auf 30.000 Mann anwuchs. Mehr als anderswo durchdrangen sich in Potsdam ziviles und militärisches Leben, um völlig zu verschmelzen.

Leiter der Stadtverwaltung war ein ehemaliger Regimentsquartiermeister. Offiziere blickten den städtischen Beamten kontrollierend über die Schulter. Jedes Potsdamer Bürgerhaus musste seine Giebelstube freihalten für soldatische Schlafstellen. Allein 3500 Grenadiere waren ständig in der Stadt einquartiert, und jeder dritte Einwohner gehörte dem Militär an. Die Potsdamer Gewehrfabrik galt für eine Weile als größter Rüstungsbetrieb im Land.

Politischer Höhepunkt all dessen war im März 1933 der sogenannte Tag von Potsdam: Der neue Reichskanzler Adolf Hitler wurde durch einen Staatsakt gefeiert, an dem Reichspräsident Paul von Hindenburg teilnahm, Schauplatz war die Garnisonkirche.

Es war die Erinnerung an dieses finstere Geschehnis, das lange Zeit alle Polemiken gegen einen Wiederaufbau dieser Kirche nährte. Inzwischen sind sie verstummt. Der Turm der Garnisonkirche ist neu. Zur einstigen Gemeinde hatten Mitglieder gehört, die als Hitler-Gegner ums Leben gekommen waren. Wie auch das in Potsdam stationierte elitäre Infanterie-Regiment neun unter dem Kommando von Offizieren stand, die aus konservativ-aristokratischer Haltung heraus die Nazi-Herrschaft ablehnten.

Der Turm steht also wieder. Die übrige Kirche soll dem folgen.

BÜRGERLICHKEIT Anlässlich der Revolution von 1848 wurde behauptet: »Berlin rebelliert. Potsdam pariert.« In der königlichen Residenzstadt an der Havel mit ihren vielen Beamten und Militärs konnte es zu derart ausschweifenden Ereignissen wie in der aufmüpfigen Metropole mit ihren Märzgefallenen und der revolutionär erzwungenen Ehrbezeugung des Königs vor deren Särgen unmöglich kommen. Völlig gerecht ist die spöt-

Im Holländischen Viertel

tische Behauptung dennoch nicht. Es gab in Potsdam eine bürgerliche Sozialschicht, und sie hat sich auch gewehrt.

Ihre geschichtlichen Wurzeln reichen zurück zu den verschiedenen Immigrationsströmen aus Frankreich, Böhmen und Salzburg, die um ihres christlichen Glaubens willen ins Brandenburgisch-Preußische zogen. Soldatenkönig Friedrich Wilhelm I. hatte in seiner Familie verschiedene dynastische Verbindungen zum Herrscherhaus Oranien, so kamen 1732 zahlreiche Handwerker aus den Niederlanden in die Havelstadt. Der Architekt Jan Bouman, ein Landsmann, errichtete für sie jene 134 Bürgerhäuser aus rotem Backstein, die heute das Holländische Viertel bilden. Der Raum des bürgerlichen Potsdam im 18. und frühen 19. Jahrhundert war die durch die drei heute noch erhaltenen Stadttore abgesteckte Region.

Im Jan-Bouman-Haus

Irgendwann zur Mitte des 19. Jahrhunderts welkte in Potsdam die Bürgerlichkeit dann allmählich dahin, indes der Geist der preußischen Garnison immer mächtiger wurde. Immerhin gab es Maximilian Dortu, Sohn eines Potsdamer Justizkommissars, der die aufgebrachten Bürger und Arbeiter des Arme-Leute-Dorfes Nowawes anführte, als sie zum Zeichen ihrer Empörung die Anlagen der Eisenbahn Potsdam–Berlin demolieren wollten. Dortu floh nach Paris, später nach Baden, wo er schließlich von preußischen Truppen gefasst, vor ein Standgericht gestellt und hingerichtet wurde. In der Potsdamer Innenstadt heißt heute eine Straße nach ihm.

Der politische Flüchtling Theodor Storm ließ sich für eine Weile in Potsdam nieder, übrigens im Holländischen Viertel, und der letzte der großen Potsdamer Architekten, Ludwig Persius, hat noch ein paar bemerkenswerte Bauten hingestellt, so die Sacrower Kirche.

Es war nicht mehr so einfach, unterm Schatten der Hohenzollern ein bekennender Bürger zu bleiben, in Potsdam viel weniger als im geräumigeren Berlin. Am ehesten gelang dies noch den Juden. Sie wurden nach 1933 blutig verfolgt und entfernt. Eine bürgerliche Stadt wurde Potsdam erst wieder ab 1990. Von ihren vielen Metamorphosen war es nicht die schlechteste.

STADTSPAZIERGANG Ein üblicher Zugang zum Potsdamer Stadtzentrum ist die Lange Brücke. Sie überspannt die Havel und ist die mittlerweile sechste ihrer Art. Ihr ältester Vorgänger wird 1317 erwähnt und war ein hölzernes Konstrukt. Die jetzige Brücke soll demnächst erneuert werden.

Wer sie überquert hat, hat links vor sich den Hochhausbau eines Hotels, das noch aus DDR-Zeiten stammt. Ihm gegenüber steht das nach Knobelsdorffs Plänen gebaute Stadtschloss. Den anmutigen Bau hatte der letzte Krieg schwer beschädigt, die DDR ließ seine Reste abtragen, die Rekonstruktion erfolgte erst im wiedervereinigten Deutschland und wurde 2013 vollendet. Der Landtag Brandenburg, bis dahin untergebracht auf dem Brauhausberg, zog hierher um.

Das Stadtschloss steht am Rande des Alten Markts. Der ist, in seiner heutigen Gestalt, zum großen Teil das Resultat von Wiederaufbauarbeiten. Umschlossen wird er durch eindrucksvolle Architekturen: das von Jan Bouman entworfene Alte Rathaus mit seiner großen vergoldeten Atlas-Statue, die von Schinkel errichtete Nikolaikirche, die beiden Palazzi Pompei und Barberini. Letzterer wurde geplant und finanziert von einem IT-Unternehmer, Hasso Plattner, der auch anderswo in der Stadt investierte und in diesem Gebäude ein Museum unterhält, das sich als Publikumsmagnet erweist. In der Mitte des Marktplatzes steht ein von Knobelsdorff entworfener Obelisk.

Altes Rathaus mit Obelisk

Nahe dem Alten Markt befindet sich das heutige Filmmuseum, untergebracht im barocken Marstall des Stadtschlosses. Das Gebäude blieb von der antiaristokratischen Abrisswut der DDR verschont, die den Bau vielmehr sanieren und 1981 seiner heutigen Bestimmung zuführen ließ. Es handelt sich um die älteste kinomatographisch-museale Einrichtung Deutschlands.

Während der Alte Markt in seinem jetzigen Aussehen jüngsten

Marstall mit Filmmuseum

Datums ist, begann die Restauration des Neuen Markts schon früher. Er gilt als einer der besterhaltenen Barockplätze Europas. Ursprünglich ein Gelände, an dem Pferde aus- und eingespannt wurden, ließ König Friedrich II. hier stabile Bürgerhäuser errichten. Im 19. Jahrhundert wurde die städtische Ratswaage an den Neuen Markt verlegt, in seinem Gebäude befindet sich heute ein gehobenes italienisches Restaurant. Die Häuser am Platz beherbergen wissenschaftliche Einrichtungen, wie das Einstein Forum und das Moses Mendelssohn Zentrum.

Die Breite Straße reicht vom Alten Markt bis zur Zeppelinstraße. Ihre ursprüngliche Gestaltung verdankte sie König Friedrich II., der die zunächst als kurfürstliche Freiheit angelegte Allee mit repräsentativen Häusern, deren Fassaden er teilweise selber entwarf, ausstatten ließ. Die Breite Straße wurde zur eindrücklichen Barockmeile und blieb das bis zum Frühjahr 1945, als ein britischer Bomberangriff große Teile der historischen Bausubstanz vernichtete.

Die DDR füllte auch hier die entstandenen Lücken mit ihren üblichen Baumethoden, die unter anderem auf vorgefertigte Betonplatten setzten. Manche der von dem Bombardement verschonten Gebäude der Breiten Straße wurden restauriert und zitieren deren einstigen Glanz. Es sind dies: das Hiller-Brandtsche Haus, dessen erste Bewohner Kaufleute und ein Handwerker waren. Die Fassade zur Straße fiel üppiger aus, als es den dahinter befindlichen Räumen zukam.

Das Große Militärwaisenhaus war eine Gründung des Soldatenkönigs Friedrich Wilhelm, der damit der Halleschen Stiftung des Pietisten August Hermann Francke folgte. König Friedrich ließ das Gebäude völlig umgestalten, der Architekt war Gontard.

Das Ständehaus wurde von Unger errichtet. Es zeigt bereits Einflüsse des preußischen Klassizismus und gilt als eines der künstlerisch wertvollsten Bauwerke der Potsdamer Innenstadt. Die Landstände waren eine quasi-parlamentarische Vertretung, mit gelegentlich eigener politischer Tendenz. Ihr Gebäude in der Breiten Straße wurde 1815 Wohnhaus. Heute beherbergt es das Naturkundemuseum.

König Friedrich Wilhelm IV. ließ ab 1841 von Ludwig Persius ein Gebäude errichten, das die von August Borsig gebaute und den Betrieb der großen Fontäne im Park Sanssouci leistenden Dampfmaschine aufnehmen sollte – was auch geschah. Es war eine Zeit ästhetischer Anleihen bei anderen Epochen und anderen Regionen. Hier sollte ein Bauwerk nach Art arabischer Moscheen entstehen, mit einem Minarett als Schornstein.

Die Anlage ging 1842 in Betrieb. Die Fontäne stieg auf 38 Meter Höhe. Die Moschee ist heute ein technisches Denkmal.

Brandenburger Tor

STADTTORE

Potsdam hatte einmal zehn Stadttore. Drei davon sind erhalten.

Das Brandenburger Tor am Luisenplatz entstand auf Anweisung von Fridericus Rex, die Architekten waren Carl von Gontard und dessen Schüler Georg Christian Unger. Ästhetisches Vorbild waren römische Triumphbögen, denn auch hier sollte ein Sieg gefeiert werden: der im Siebenjährigen Krieg. Die beiden Torseiten unterscheiden sich erheblich, die Stadtseite Gontards wirkt eleganter.

Das Nauener Tor ist älter. Es entstand Mitte der 1750er Jahre und imponiert durch seine beiden aufragenden Rundtürme. Der Bau folgte einem Entwurf von König Friedrich, er zitiert die Gotik und erhielt seine endgültige Gestalt unter dem späteren Kaiser Wilhelm I.

Noch älter ist das 1733 errichtete Jägertor. Seinen Namen verdankte es einem vor der Stadt gelegenen Jägerhof. Von den drei noch erhaltenen Stadtmauer-Durchgängen ist dieser der zierlichste. Gekrönt wird er durch eine Plastik, die einen von Jagdhunden gestellten Hirsch zeigt.

BORNSTEDT Die Herkunft des Namens ist unklar. Die Gründung erfolgte im Hochmittelalter. Das Gutsgebiet erwarb 1664 der Große Kurfürst. Friedrich II. ließ einen Weinberg anlegen, später wurde die Region auch militärisch genutzt.

Friedrich Wilhelm IV. betrieb die Umbauten etlicher Gebäude in dem von ihm geschätzten italienischen Kostüm. Heute sind sie restauriert und locken unter anderem mit Gastronomie. Attraktiv ist der schön gelegene Bornstedter Friedhof, auf dem sich eine Reihe von bemerkenswerten Gräbern befindet.

So liegen hier die sterblichen Überreste des Generals Erich von Falkenhayn. Er hatte die Oberste Heeresleitung Deutschlands im Ersten Weltkrieg inne und wurde, da nicht radikal genug, durch Ludendorff und

Krongut Bornstedt

Hindenburg ersetzt. Es gibt hier die Gräber von Angehörigen der Hofgärtner-Dynastie Sello, und es gibt das Grab des mit Abstand wichtigsten aller preußischen Parkgestalter, das von Peter Joseph Lenné.

Auch Jakob Paul von Gundling wurde hier beigesetzt. Er war ein Literat, der weniger durch seine Dichtungen bekannt wurde als durch seine Trunksucht. Der Soldatenkönig machte ihn zum Nachfolger von Leibnitz als Präsident der Preußischen Akademie der Wissenschaften. Außerdem nahm von Gundling teil an der Tafelrunde des Monarchen, wo er zum Objekt von unflätigen Späßen wurde. Beobachtern diente er als Beispiel für das trübselige Schicksal des Schöngeistigen in Zuständen der radikalen politischen Macht. Bestattet wurde er in einem Weinfass als Sarg.

BABELSBERG

NOWAWES Im 18. Jahrhundert kamen aus dem Böhmischen protestantische Glaubensflüchtlinge in die Mark Brandenburg. Östlich von Potsdam gründeten sie, nahe einem Rundlingsdorf, ihre eigene Siedlung und nannten sie Nowawes, slawisch für Neuendorf. Ihr bevorzugtes Handwerk war die Weberei. Die zwei benachbarten Gemeinden existierten zunächst unabhängig voneinander, später schlossen sie sich zusammen, entwickelten sich zur Stadt und wurden schließlich Teil von Babelsberg, das seinerseits ab 1939 zu Potsdam gehörte.

Babelsberg war zunächst der Name eines Hügel, auf dem sich Hohenzollernprinz Wilhelm, später preußischer König und deutscher Kaiser, ab 1833 das gleichnamige Schloss errichten ließ. Vorbild war das britische Schloss Windsor. Die Parkgestaltung übernahm Fürst Hermann von Pückler-Muskau.

Angelsächsisch ging es noch einmal nach dem letzten Kriegsende zu: Die Teilnehmer der Potsdamer Konferenz, voran Briten und Amerikaner, nahmen ihre Quartiere in Babelsberger Villen.

BEWEGTBILDER Guido Seeber war Kameramann und technischer Leiter der Deutschen Bioskop-Gesellschaft. 1911 erwarb er in Nowawes ein größeres Fabrikgelände, auf dem künftig Spielfilme hergestellt werden sollten. Eine erste Atelierhalle wurde 1912 fertiggestellt. Der erste hier gedrehte Film hieß »Der Totentanz«, Hauptdarstellerin war die Dänin Asta Nielsen.

Schloss Babelsberg

Im Jahr 1917 schloss der deutschnationale Politiker und Medienunternehmer Alfred Hugenberg mehrere bis dahin selbstständige Filmgesellschaften zusammen zur Universum Film AG, abgekürzt Ufa. Außer den Produktionsstätten gehörten dieser Firma Kinotheater, ein Filmverleih und die Urheberrechte von Filmen. Das Ateliergelände östlich von Potsdam galt damals bereits als das größte in Europa. Produziert wurden Filme wie »Der Blaue Engel«, nach einem Roman des linksliberalen Schriftstellers Heinrich Mann, und ebenso Preußisch-Vaterländisches wie »Das Flötenkonzert von Sanssouci«.

Viele damals hochgeschätzte Filmleute waren Juden, Peter Lorre etwa, Elisabeth Bergner und Erich Pommer. Nach 1933 mussten sie emigrieren. Nichtjuden schlossen sich ihnen an, so Marlene Dietrich und Conrad Veidt.

Die Ufa produzierte weiter, Unterhaltungsware neben schneidigen Propagandafilmen für die Nazis. Es gab ein paar Nischen. Der offiziell verbotene Erich Kästner schrieb, unter Pseudonym, das Drehbuch für den Film »Münchhausen«.

Signet der Ufa 1917–1991

Signet des volkseigenen Filmunternehmens Defa

1945 wurde das Babelsberger Ateliergelände an eine sowjetisch lizenzierte Neugründung mit Namen Defa vergeben. 45 Jahre lang entstanden hier Filme, von denen einige internationale Anerkennung fanden, andere nichts als öde politische Propaganda boten. Etliches wurde verhindert, Berühmtheit erlangten im Jahr 1956 zwölf Filme, die fertiggestellt waren oder sich inmitten der Produktion befanden und nun allesamt verboten wurden. Es erging der Kinematografie nicht anders als den übrigen DDR-Künsten.

Dessen ungeachtet haben sich etliche Defa-Leute auch überregionale Anerkennung verschaffen können, Regisseure wie Konrad Wolf und Frank Beyer, Schauspieler wie Armin Müller-Stahl und Jutta Hoffmann.

Nach dem Ende der DDR war das Filmgelände zunächst nur als Immobilie begehrt. Später begannen auch wieder Produktionen. Inzwischen ist Babelsberg Medienstadt: Auf etwa 50 Hektar Fläche arbeiten 200 Unternehmen mit etwa 4500 Beschäftigten. Hergestellt werden Spiel- und Trickfilme, dabei internationale Großproduktionen. Selbst der alte Firmenname Ufa blieb erhalten. Auf dem Gelände produziert und sendet außerdem der öffentlich-rechtliche Rundfunk Berlin-Brandenburg.

Der Filmkunst gewidmet, im Gebäude des Potsdamer Marstalls, ist ein eigenes Filmmuseum.

POTSDAM KOMPAKT

RB20, RB21, RB22, RB23, RE1, S1, S7

A115, Ausfahrt Kreuz Zehlendorf, dann B1
oder Ausfahrt Potsdam-Babelsberg, dann Nuthestr.
A10 Ausfahrt Michendorf, dann B2

Landeshauptstadt Potsdam
Friedrich-Ebert-Str. 79/81
14469 Potsdam
Tel.: 0331 / 28 90
poststelle@rathaus.potsdam.de
Touristische Anfragen:
Tel.: 0331 / 275 588 99
info@potsdamtourismus.de

Potsdam Marketing und Service GmbH
Babelsberger Str. 26
14473 Potsdam
Tel.: 0331 / 275 588 99
info@potsdamtourismus.de
www.potsdamtourismus.de

Stiftung Preußische Schlösser und Gärten Berlin-Brandenburg
Besucherzentrum Historische Mühle im Park Sanssouci
An der Orangerie 1
14469 Potsdam
Tel.: 0331 / 969 40
info@spsg.de
www.spsg.de
(Schloss Sanssouci, Park Sanssouci, Schlossküche Sanssouci, Damenflügel Schloss Sanssouci, Normannischer Turm auf dem Ruinenberg, Neues Palais, Belvedere auf dem Klausberg, Friedenskirche, Dampfmaschinenhaus, Chinesisches Haus im Park Sanssouci, Orangerieschloss von Sanssouci, Schloss Charlottenhof)

Museum Barberini
Humboldtstr. 5/6
Alter Markt
14467 Potsdam
Tel.: 0331 / 236 014 499
besucherservice@museum-barberini.de
www.museum-barberini.de/de

Haus der Brandenburgisch-Preußischen Geschichte
Kutschstall, Am Neuen Markt 9
14467 Potsdam
Tel.: 0331 / 620 85 50
kontakt@gesellschaft-kultur-geschichte.de
www.gesellschaft-kultur-geschichte.de
(Haus der Brandenburgisch-Preußischen Geschichte)

Potsdam Museum – Forum für Kunst und Geschichte
Am Alten Markt 9
14467 Potsdam
Tel.: 0331 / 289 68 68
museumsservice@rathaus.potsdam.de
www.potsdam-museum.de

Filmmuseum Potsdam
Institut der Filmuniversität Babelsberg Konrad Wolf
Breite Str. 1a
14467 Potsdam
Tel.: 0331 / 271 81 12
info@filmmuseum-potsdam.de
www.filmmuseum-potsdam.de

Naturkundemuseum Potsdam
Breite Str. 13
14467 Potsdam
Tel.: 0331 / 289 67 07
naturkundemuseum@rathaus.potsdam.de
www.naturkundemuseum-potsdam.de

Biosphäre Potsdam
ProPotsdam Naturerlebnis GmbH
Georg-Hermann-Allee 99
14469 Potsdam
Tel.: 0331 / 550 740
info@biosphaere-potsdam.de
www.biosphaere-potsdam.de

Freundschaftsinsel Potsdam
Lange Brücke
14467 Potsdam
www.freundschaftsinsel-potsdam.de

Falkenhof Potsdam
Ravensberggestell 2
14478 Potsdam
Tel.: 0331 / 870 07 96
info@waldhaus-potsdam.de
www.waldhaus-potsdam.de

AbenteuerPark Potsdam
Albert-Einstein-Str. 49
14473 Potsdam
Tel.: 0331 / 626 47 83
kontakt@kletterpark.info
www.kletterpark.info

Bootsstation waterlounge
Schiffbauergasse 9a
14467 Potsdam
Tel.: 030 / 474 971 52 56
anfrage@waterlounge-potsdam.de
www.waterlounge-potsdam.de

Bootsvermietung Moisl Freundschafts-insel
beim Spielplatz
14467 Potsdam
Tel.: 0177 / 281 14 71
www.bootsvermietung-moisl.de

Heiliger See

Waldbad Templin
Templiner Str. 110
14473 Potsdam
Tel.: 0331 / 661 98 37
www.swp-potsdam.de

Jungfernsee mit Badestellen
im Neuen Garten

Pension Sanssouci
Zeppelinstr. 164a
14471 Potsdam
Tel.: 0172 / 181 80 07
info@pension-sanssouci.de
www.pension-sanssouci.de

Hotel am Großen Waisenhaus
Lindenstr. 28/29
14467 Potsdam
Tel.: 0331 / 601 07 80
post@hotelwaisenhaus.de
www.hotelwaisenhaus.de

Restaurant »Zum fliegenden Holländer«
Benkertstr. 5
14467 Potsdam
Tel.: 0331 / 601 277 50
info@zumfliegendenhollaender.com
www.zumfliegendenhollaender.com

Der Butt
Gutenbergstraße 25
14467 Potsdam
Tel.: 0331 / 200 60 66
www.der-butt.de

GenussWerkstatt
Breite Str. 1a
14467 Potsdam
Tel.: 0331 / 740 377 07
mail@genusswerkstatt-potsdam.de
www.genusswerkstatt-potsdam.de

Florahof Potsdam
Florastr. 12
14469 Potsdam
Tel.: 0331 / 501 695
florahof@bornimaol.com
www.florahof.de

Schiffstouren
Weisse Flotte Potsdam GmbH
Lange Brücke 6
14467 Potsdam
Tel.: 0331 / 275 92 10
info@schifffahrt-in-potsdam.de
www.schifffahrt-in-potsdam.de

Heilandskirche Sacrow und Blick zur Glienicker Brücke, Runde ab Potsdam Park Sanssouci
Länge: 48,8 km
www.komoot.de/smarttour/15192528

Neues Palais und Lindenallee am Neuen Palais, Runde ab Potsdam-Rehbrücke
Länge: 38 km
www.komoot.de/smarttour/19527011

Schloss Cecilienhof und Marmorpalais, Runde ab Potsdam Hauptbahnhof
Länge: 12,9 km
www.komoot.de/smarttour/3654281

Schloss Sanssouci–Park Sanssouci, Runde ab Potsdam Charlottenhof
Länge: 10,4 km
www.komoot.de/smarttour/3655903

BABELSBERG KOMPAKT

Bhf Babelsberg: S1, S7, R1, RB20, RB23
Bhf Medienstadt Babelsberg: R7, RB33

A111, Abfahrt Potsdam-Babelsberg, Nuthestr.

Park Babelsberg
14482 Potsdam
www.spsg.de/schloesser-gaerten/objekt/park-babelsberg

Schloss Babelsberg
Park Babelsberg 10
14482 Potsdam
Tel.: 0331 / 969 42 49
schloss-babelsberg@spsg.de
www.spsg.de (Schloss Babelsberg)

Filmpark Babelsberg GmbH
Joseph-von-Sternberg-Str. 1a
14482 Potsdam
Tel.: 0331 / 721 28 50
gruppen@filmpark.de
www.filmpark-babelsberg.de

Restaurant »Otto Hiemke«
KARL-GRUHL-STR.55
14482 Potsdam
Tel.: 0331 / 7480596
info@restaurnt-ottohimke.de
www.restaurant-ottohiemke.de

Stadtbad Park Babelsberg
Park Babelsberg 2
14482 Potsdam
Tel.: 0331 / 661 98 34
www.swp-potsdam.de (Stadtbad Park Babelsberg)

Panorama Radtour
Länge: 12 km
www.potsdamtourismus.de/location/potsdam/panorama-radtour-pueckler-babelsberg

Mit dem Rad durch Potsdams Gärten
Länge: 19 km
www.potsdamtourismus.de/location/potsdam/mit-dem-rad-zu-den-foerster-gaerten-in-potsdam

Schloss Cecilienhof und Marmorpalais, Runde ab Potsdam Hauptbahnhof
Länge: 12,9 km
www.komoot.de/smarttour/3654281

Rundweg Babelsberg–Potsdam
Länge: 8,9 km
www.outdooractive.com/de/route/wanderung/flaeming/rundweg-babelsberg-potsdam/112425639

SACROW

Eingebettet in eine üppige Landschaft, den Königswald, liegt Sacrow. Das Schloss hier hat eine bewegte Geschichte:

Graf Johann Ludwig von Hordt aus Schweden, hochrangiger Militär und Festungskommandant der Spandauer Zitadelle, erwarb das Gut und baute sich dort ein barockes Herrenhaus. Später verkaufte er es an den Vater des romantischen Dichters Friedrich de la Motte Fouqué, letzterer verbrachte hier einen Teil seiner Kindheit. Der reiche Unternehmer Jean Balthasar Henry, Besitzer einer Reihe von Gütern, erwarb 1811 Sacrow. Seine Erben verkauften es dem Berliner Bankier Magnus.

1840 erstand das Anwesen König Friedrich Wilhelm IV. Durch den Hofarchitekten Ludwig Persius ließ er das Herrenhaus aufstocken und verschönern. Den Landschaftspark gestaltete Lenné, es entstanden Sichtachsen zur Pfaueninsel, nach Glienicke, zur Heilandskirche und nach Babelsberg. Selber gewohnt hat der König hier nie. Das nunmehr Schloss geheißene Herrenhaus war in den Hitlerjahren Dienst- und Wohnsitz des Generalforstmeisters, nach dem Zweiten Weltkrieg wurde es Militärobjekt. Heute gehört es der Stiftung Preußische Schlösser und Gärten.

Schloss Sacrow

HEILANDSKIRCHE Am Port von Sacrow, das ist unmittelbar am Ufer des Jungfernsees, steht der freistehende Campanile der Heilandskirche. Entworfen hat das Gotteshaus, auf Wunsch Friedrich Wilhelms IV., Ludwig Persius, er entwarf es nach italienischen Vorbildern. Der Bau ragt wie ein Schiff in das Wasser. Die Fundamente ruhen auf einem Pfahlrost.

Atlasplatte am Campanile der Heilandskirche

Die Physiker Adolf Slaby und Georg Graf von Arco nutzten 1897 den Campanile für ihre Funkversuche. Die drahtlose Telegrafie in eine 1,6 Kilometer entfernte Station gelang.

Während der deutschen Teilung schnitt die Demarkationslinie durch das Gelände. DDR-Grenztruppen demolierten das Kircheninnere, Besucher hatten keinerlei Zutritt. Inzwischen wurde das Gebäude penibel restauriert und öffnet wieder für Gottesdienste.

Heilandskirche am Port von Sacrow

SACROW KOMPAKT

Ab Bhf Potsdam Bus 639, dann 697

B2 bis Krampitz, dann Beschilderung nach Sacrow folgen

Station Krughorn im Park Glienicke zu Station Sacrow Heilandskirche
Weisse Flotte Potsdam GmbH
Lange Brücke 6
14467 Potsdam
Tel.: 0331 / 275 92 10
info@schifffahrt-in-potsdam.de
www.potsdamer-wassertaxi.de

Schloss Sacrow mit Schlosspark
Krampnitzer Str. 33
14469 Potsdam
Kontakt:
Ars Sacrow e.V.
Weinmeisterweg 8
14469 Potsdam
Tel.: 0331 / 601 498 77
kontakt@ars-sacrow.de
www.ars-sacrow.de
www.spsg.de (Schloss Sacrow)

Heilandskirche am Port von Sacrow
Fährstr.
14469 Potsdam
Tel.: 0331 / 505 21 44
heiraten@heilandskirche-sacrow.de
www.heilandskirche-sacrow.de

Restaurant Rittersaal zu Sacrow
Weinmeisterweg 1
14469 Potsdam
Tel.: 0331 / 503 855
info@ritter-sacrow.de
www.ritter-sacrow.de

Badestelle am Sacrower See Nordufer
Badestelle am Sacrower See Ostufer

Havelradweg und Mauerradweg mit Mauerrest, Runde ab Kladow
Länge: 24,9 km
www.komoot.de/smarttour/19842559

Sacrower See und Heilandskirche Sacrow, Runde ab Sacrow
Länge: 9,92 km
www.komoot.de/smarttour/10350548

Sacrower Heilandskirche und Schloss Sacrow, Runde ab Sacrow
Länge: 8,19 km
www.komoot.de/smarttour/3673569

Wandern am Sacrower See und Sacrower See (Südliches Ende), Runde ab Sacrow
Länge: 10 km
www.komoot.de/smarttour/18982038

CAPUTH

Im Schwielowsee, einem weiteren Havelgewässer, erreicht der Fluss die südlichste Strecke seines Laufs. Besiedelt war die Gegend bereits früh. Goldfunde aus einem nahen bronzezeitlichen Urnenfeld belegen Handelsbeziehungen mit dem Südosten Europas.

Der Ortsname Caputh geht zurück auf das slawische Wort für »Huf«, Kopyto, das die Gestalt des Sees beschreibt. Die Bewohner hier waren deutlich unterprivilegiert: Fischereirechte besaßen sie nicht, ihre Arbeitsplätze waren der Wald, die Schifffahrt, später die Ziegeleien.

Ein Weg führt den Hang hinauf. Dort, am Waldrand, steht ein dunkelrotes Holzhaus. Es hat eine spannende Geschichte.

EINSTEINS PARADIES 1929 kam Berlins Oberbürgermeister auf die Idee, dem Physiker und Nobelpreisträger Albert Einstein, seit 1914 Bürger der Stadt, zum 50. Geburtstag eine Bleibe zu schenken. Die Realisierung erwies sich als kompliziert. Mögliche Immobilien missfielen, die Sache drohte zu scheitern. Einstein verzichtete und machte sich seinerseits auf die Suche. In Caputh fand er ein Grundstück, auf dem er bauen wollte.

Einsteinhaus

Konrad Wachsmann, ein junger, damals noch unbekannter Architekt, erfuhr von Einsteins Plänen und witterte seine Chance. Der Meisterschüler von Hans Poelzig war bei einer Holzbaufirma im sächsischen Niesky angestellt. Er überzeugte Einstein davon, das geplante Haus in Fertigbauweise zu errichten.

Diese Technologie hat, durch seine Anwendung im DDR-Plattenbau, hierzulande keinen besonders guten Ruf. Dabei handelt es sich um ein Verfahren, das einigermaßen alt ist; erste Ideen dazu entwickelte Leonardo da Vinci. Die Sache wurde anderswo erfolgreich erprobt, vor allem bei Holzbauten, so in den USA und in Skandinavien. Ihre Vorteile waren und sind Rationalität, Zeit- und Kostenersparnis. Konrad Wachsmann darf als ein Pionier des Fertigbaus gelten. Sein Entwurf für Einsteins Holzhaus in Caputh sollte ihn prominent machen. Sein Arbeitgeber in Niesky führte die Arbeiten für Caputh schließlich auch aus.

Ab 1929 verlebte Albert Einstein, zusammen mit seiner Familie, hier die Sommer. Der politischen Verhältnisse wegen kehrten er und die Seinen 1932 von einer USA-Reise nach Deutschland nicht zurück. Der Physiker gab seine deutsche Staatsbürgerschaft auf.

Sein Sommerhaus in Caputh diente zwei Jahre lang als jüdisches Landschulheim, 1935 wurde es konfisziert. Den Krieg überstand es unbeschädigt, für eine Weile war es Mietwohnung, dann nutzte es die Akademie der Wissenschaften der DDR. Heute gehört es einer Erbengemeinschaft, zu der auch die Universität Jerusalem zählt. Im Einsteinjahr 2005 wurde es renoviert.

Es kann besichtigt werden. Das Innere zeigt sich schlicht und funktional, der Blick von der Terrasse auf den Schwielow ist eindrucksvoll.

An der Lindenstraße steht die alte Kirche von Caputh. Ihr gegenüber beginnt der Schlosspark.

DAS SCHLOSS Theodor Fontane schreibt: *Schloss Caputh war in alten Zeiten Rochowisch. Im Dreißigjährigen Kriege zerfiel es oder wurde zerstört, und erst von 1662 an erstand hier ein neues Leben. In diesem Jahre ging Caputh, Dorf wie Schloss, in den Besitz des Großen Kurfürsten über und verblieb, ein kurzes Vorspiel abgerechnet, (...) 150 Jahre lang bei der Krone. Eine lange Zeit. Aber die Zeit seines Glanzes war umso kürzer und ging wenig über ein Menschenalter hinaus. (...) Auch diese vorübergehende Glanzesära gliedert sich in verschiedene Zeitabschnitte, und zwar in die Zeit des Generals de Chieze, bis 1671, die Zeit der Kurfürstin Dorothea, bis 1689, und die Zeit Sophie Charlottens und König Friedrichs I., bis 1713.*

Seeseite von Schloss Caputh

Seine glanzvollste Zeit erlebte das Schloss unter Friedrich I., der König ließ es zu einem Jagdsitz ausbauen. Begeisterter Jäger war auch Friedrich Wilhelm I., auf den die Ausstattung eines Raumes im Erdgeschoss mit holländischen Fayencefliesen zurückgeht. Friedrich II. machte aus dem Schloss eine Garn- und Stofffabrik. Den Park gestaltete im 19. Jahrhundert Peter Joseph Lenné.

Die Freitreppe bietet einen schönen Blick auf das Wasser. Ein Weg unter hohen alten Bäumen führt den Hang hinab zum Kavalierhaus, heute ein Restaurant. Auf dem Wasser ziehen Segelboote vorbei.

CAPUTH KOMPAKT

R1 bis Potsdam, dann RB33 bis Bhf Caputh oder Bus 607 nach Ferch

A10 (Berliner Ring) Abfahrt Ferch

Schloss Caputh
Schlossgarten Caputh
Straße der Einheit 2
14548 Caputh
Tel.: 033209 / 703 45
schloss-caputh@spsg.de
www.spsg.de (Schloss und Park Caputh)

Einsteinhaus
Am Waldrand 15-17
14548 Caputh
Tel.: 0331 / 271 780
einsteinforum@einsteinforum.de
www.einsteinsommerhaus.de

Einsteins Sommer-Idyll in Caputh
Straße der Einheit 3
14548 Schwielowsee OT Caputh
Tel.: 033209 / 217 772
info@sommeridyll-caputh.de
www.sommeridyll-caputh.de

Heimathaus Caputh
Krughof 28
14548 Schwielowsee OT Caputh
Tel.: 033209 / 719 09
info@heimatvereincaputh.de
www.heimatvereincaputh.de

Haus der Klänge
Bergstr. 10
14548 Schwielowsee OT Caputh
Tel.: 033209 / 849 05
info@haus-der-klaenge.de
wortundklangdotblog.wordpress.com

KulturForum Schwielowsee e.V.
Wilhelmshöhe 14
14548 Schwielowsee
Tel.: 0176 / 613 994 13
info@kunsttour-caputh.de
www.kunsttour-caputh.de

Fährhaus Caputh
Straße der Einheit 88
14548 Schwielowsee OT Caputh
Tel.: 033209 / 702 03
info@faehrhaus-caputh.de
www.faehrhaus-caputh.de

Kavalierhaus im Park Caputh
Lindenstr. 60
14548 Schwielowsee OT Caputh
Tel.: 033209 / 846 30
service@kavalierhaus-caputh.de
www.kavalierhaus-caputh.de

Seebad Caputh
Weg zum Strandbad 1
14548 Schwielowsee OT Caputh
Tel.: 033209 / 808 51
mail@seebad-caputh.de
www.seebad-caputh.de

Fischerei und Hofladen Lechler
Straße der Einheit 80
14548 Caputh
Tel.: 0174 / 700 07 57
jlechler@web.de
www.lechler-bootsstaende.de/fischerei

Apart Hotel Haveltreff am Schwielowsee
Familie Uta und Rémy Lucas
Weinbergstr. 4
14548 Schwielowsee OT Caputh
Tel.: 033209 / 780
info@haveltreff.de
www.haveltreff.de

Hotel Müllerhof
Weberstr. 49/51
14548 Schwielowsee
Tel.: 033209 / 790
hotel.muellerhof@gmail.com
www.hotel-muellerhof.de

Caputh Boote
Weberstraße 82
14548 Schwielowsee OT Caputh
Tel.: 033209 / 889 778
info@caputh-boote.de
www.caputh-boote.de

Fähre Caputh
Weinbergstr. 2
14548 Schwielowsee OT Caputh
Tel.: 0173 / 245 03 79
www.faehre-caputh.de

Holzbalkenweg bei Ferch und Schwielowsee, Runde ab Caputh-Schwielowsee
Länge: 25,1 km
www.komoot.de/smarttour/19497582

Fähre Caputh und Schloss Caputh, Runde ab Caputh-Geltow
Länge: 15,3 km
www.komoot.de/smarttour/19635410

Fahrradvermietung
Schwielowseestr. 58
14548 Schwielowsee OT Caputh
Tel.: 033209 / 77 90
info@maerkisches-gildehaus.de
www.maerkisches-gildehaus.de

Schwielowsee und Petzow Schlosspark, Runde ab Caputh-Geltow
Länge: 15,5 km
www.komoot.de/smarttour/25022

Schöner Blick auf den See und Caputher See, Runde ab Caputh-Schwielowsee
Länge: 7,26 km
www.komoot.de/smarttour/3647931

FERCH

Am Südende des Schwielowsees liegt Ferch. Der Name leitet sich her von dem slawischen Wort für Gipfel oder Höhe. Offensichtlich war der nahe gelegene Weitkiekenberg damit gemeint.

Das Fischerdorf gehörte im Mittelalter zum Besitz des Zisterzienserklosters Lehnin. Am Ende des Dreißigjährigen Krieges, der hier wie sonst in Brandenburg zu Zerstörungen und Entvölkerung geführt hatte, lebte in Ferch nur noch eine einzige Frau. Langsam begann ein Wiederaufbau. Bahn- und Straßenanschluss begünstigten den Fremdenverkehr, zudem gab es Ziegeleien, Forstwirtschaft und Obstanbau.

Der Gang durch den Ort führt zu einem Bonsaigarten und reetgedeckten alten Häusern. In einem Fachwerkbau aus dem 18. Jahrhundert, einem ehemaligen Kossätenhaus, befindet sich ein Kunstmuseum.

KÜNSTLERKOLONIE Ende des 19. Jahrhunderts entstand in der ländlichen Abgeschiedenheit am Schwielowsee eine Künstlervereinigung, Vorbild war die Künstlerkolonie im französischen Barbizon. Die Mitglieder verband der Wunsch nach einem Aufenthalt fernab der expandierenden Großstädte, es ging um Malen nach der Natur. Die Strömung gedieh europaweit. Um das Jahr 1900 gab es an die 90 Künstlerkolonien. An den Schwielowsee kamen zuerst Karl Hagemeister und Carl Schuch,

Julie Wolfthorn in ihrem Atelier, 1902

später Gerhard Gisevius, Theo von Brockhusen, Siegward Sprotte, Hubert Globisch und Hans Wacker. Eines von zwei weiblichen Mitgliedern der Malerkolonie hieß Julie Wolfthorn.

Geboren als Julie Wolf, entstammte sie einer jüdischen Familie aus Thorn. Nach Studium in Berlin und Paris arbeitete sie als Malerin in Berlin, wo sie sich Wolfthorn nannte. Als eine von vier kunstschaffenden Frauen gehörte sie zu den Gründern der Berliner Secession, sie war in vielen Vereinigungen wie dem Hiddenseer Künstlerinnenbund aktiv, sie setzte sich ein für die Professionalisierung ihres Berufs, für das Frauenwahlrecht, auch für die Legalisierung von Schwangerschaftsabbrüchen. Vor allem ihre Porträts machten sie bekannt.

Prominente Zeitgenossen ließen sich von ihr malen. Sie fertigte Illustrationen für die avantgardistische Kunstzeitschrift »Jugend«. Sie reiste viel, besuchte andere Künstlerkolonien, ihre Sommer verbrachte sie

Museum der Havelländischen Malerkolonie

am Schwielowsee. 1944 starb sie im Alter von fast 81 Jahren im KZ Theresienstadt. Ihr Werk galt lange als verschollen, Anfang 2000 wurde einiges von ihren Arbeiten wieder zugänglich.

Die Abendsonne steht tief über dem See. Vorbei an der Halbinsel Hermannswerder geht die Fahrt über Caputh zurück nach Potsdam.

FERCH KOMPAKT

R1, RB20, RB21, RB22, S1, S7 bis Potsdam, dann Bus 607

A10, Ausfahrt Ferch, dann K6907, Fercher Waldstr. bis Alte Dorfstelle fahren

Aussichtsplattform auf dem Wietkiekenberg
Wietkiekenweg
14548 Ferch
Tel.: 033209 / 708 99
info@schwielowsee-tourismus.de
www.schwielowsee-tourismus.de

Kultur- und Tourismusamt
Straße der Einheit 2
14548 Schwielowsee OT Caputh
Tel.: 033209 / 769 769
info@schwielowsee-tourismus.de

Museum der Havelländischen Malerkolonie
Beelitzer Str. 1
14548 Schwielowsee
Telefon: 033209-21025
E-Mail: museum@havellaendische-malerkolonie.de
www.havellaendische-malerkolonie.de

Fercher Obstkistenbühne
Dorfstr. 3a
14548 Schwielowsee OT Ferch
Tel.: 033209 / 714 407 29 63
info@fercherobstkistenbuehne.de
www.fercherobstkistenbuehne.de

Fischerkirche Ferch
Beelitzer Str. / Ecke Mühlengrund
14548 Schwielowsee OT Ferch
Tel.: 033209 / 210 25
pfarramt@kreuz-kirchengemeinde-bliesendorf.de
www.kreuz-kirchengemeinde-bliesendorf.de/ferch.html

Restaurant Märkische Wildschweinbäckerei
Beelitzer Str. 68
14548 Schwielowsee OT Ferch
Tel.: 033209 / 706 26
info@wildschweinbaeckerei.de
www.wildschweinbaeckerei.de

Restaurant »Bootsklause Ferch«
Seeweg 5
14548 Schwielowsee OT Ferch
Tel.: 033209 / 706 16
bootsklause-ferch@gmx.de
www.gastro-bootsklause-ferch.de

Brandenburg-Spezialitäten Frank Freiberg
Dorfstr. 21
14548 Schwielowsee OT Ferch

Tel.: 033209 / 847 11
f.frbg@t-online.de
www.brandenburg-spezialitaeten.de

Kräuter-Heidi in der Kräuterwerkstatt
Kammeroder Weg 4
14548 Schwielowsee OT Ferch
Tel.: 033209 / 439 078
info@kraeuter-heidi.de
www.kraeuter-heidi.de

Bootsverleih Horst Burgemeister
Dorfstr. 39
14548 Schwielowsee
Tel.: 033209 / 704 32

Schwielowsee und Holzbalkenweg bei Ferch, Runde ab Ferch-Lienewitz
Länge: 46,1 km
www.komoot.de/smarttour/19446286

Caputh und Holzbrücke, Runde ab Ferch
Länge: 12 km
www.komoot.de/smarttour/19205670

Sehr alte Eiche und Kleiner Lienewitzsee, Runde ab Ferch
Länge: 8,11 km
www.komoot.de/smarttour/417038

Petzow Schlosspark und Glindower Alpen, Runde ab Ferch
Länge: 16,1 km
www.komoot.de/smarttour/18829703

PETZOW

Das kleine Dorf liegt auf einer Landbrücke zwischen Glindow- und Schwielowsee. Die Besitzerfamilie Kaehne, zunächst einfache, über Generationen hier ansässige Bauern, hatte es zu Wohlstand gebracht. 1825 entwarf Karl Friedrich Schinkel für sie ein Herrenhaus, in einer stilistischen Mischung aus italienischem Kastell und Tudorbau. Es steht inmitten eines 15 Hektar großen Parkgeländes zusammen mit anderen alten Bauten: einer Schmiede, einem Waschhaus, einer Fischerhütte, einer (von Schinkel entworfenen) neoromanischen Kirche. Gartenarchitekt war Peter Joseph Lenné. Der Terrassencharakter und die Lage am Hügelabhang erinnern an Sanssouci. Der Kirchturm bietet einen eindrucksvollen Blick auf die Landschaft.

Der DDR-Gewerkschaftsbund machte das Herrenhaus Petzow zum Schulungs- und Erholungsheim. Nach 1990 stand es leer und verfiel. Der Park verwilderte. Petzow diente in dieser Zeit wiederholt als Filmmotiv. 2013 wurde das denkmalgeschützte Anwesen verkauft und endlich saniert. Seit 2018 wohnen hier Mieter.

Schloss Petzow

PETZOW KOMPAKT

Von Potsdam Hbf oder Werder Bhf mit dem Bus 607 bis Petzow Schlosspark. Mietfahrräder stehen an beiden Bahnhöfen
über die Havel mit der Weissen Flotte, z. B. ab Potsdam Lange Brücke

A10, Ausfahrt Ferch, In Ferch über Beelitzer Str., Mühlengrund, Glindower Weg nach Petzow,
oder Abfahrt Glindow über Werder nach Petzow

Schloss Petzow
Zelterstr. 5
14542 Werder (Havel)

Schinkel-Kirche Petzow
Fercher Str. 52
14542 Werder (Havel) OT Petzow

Waschhaus Petzow
Schlosspark Petzow
14542 Werder (Havel) OT Petzow
Tel.: 03327 / 668 379
petzower@t-online.de

Heimatverein Petzow e.V.
Fercher Str. 50B
14542 Werder (Havel)
Tel.: 0177 / 305 44 36
petzow@t-online.de
www.petzow-online.de

Sanddorn-Garten Petzow
Fercher Str. 60
14542 Werder (Havel) OT Petzow

Tel.: 03327 / 469 10
info@sandokan.de
www.sandokan.de

Café Drei Kaehne
Zelterstr. 10
14542 Werder (Havel) OT Petzow
www.schlossgarten-petzow.de

Forellenhof Schloss Petzow
An der Grelle 14
14542 Petzow
info@forellenhof-schloss-petzow.de
www.forellenhof-schloss-petzow.de

Badestelle
Schwielowsee
Zelterstr. 10
14542 Werder (Havel)

Strand am Glindower See nördlich der Grelle

Kajakverleih am Glindower See
Zum Inselparadies 9–12
14542 Werder (Havel) OT Petzow
Tel.: 0176 / 450 243 38
www.kajakverleih-glindowsee.de

Holzbalkenweg bei Ferch und Schwielowsee, Runde ab Caputh-Schwielowsee
Länge: 25,1 km
www.komoot.de/smarttour/19497582

Schwielowsee und Petzow Schlosspark, Runde ab Caputh-Geltow
Länge: 15,5 km
www.komoot.de/smarttour/25022

Petzow Schlosspark und Glindower Alpen, Runde ab Ferch
Länge: 16 km
www.komoot.de/smarttour/18829703

GELTOW

Der Fund steinzeitlicher Werkzeuge bezeugt die alte Besiedlung. Der Fund antiker Münzen bezeugt überregionalen Handel. Die hiesige Havelfurt wurde, der besseren Passage wegen, mit Pferdeschädeln gepflastert. Einen Rosskopf zeigt auch das örtliche Wappen.

Neben dem alten Ort entstand ein Vorwerk. König Friedrich II. ließ in Geltow, so wie anderorts in Preußen, eine Siedlung für kriegsinvalide Soldaten anlegen. Erwerbszweige der Bewohner waren Obst-, Gemüse- und Blumenanbau.

Geltow wurde dann Militärstandort. 1936 zogen eine Luftkriegsschule und die Kommandozentrale der Luftwaffe hierher. Im Fernmeldeamt des Reichsluftfahrtministeriums, das während des Krieges hierhin ausgelagert wurde, arbeitete der Oberleutnant Harro Schulze-Boysen. Er und seine Frau Libertas waren entschiedene Nazigegner. Zusammen mit Gleichgesinnten engagierten sie sich im antifaschistischen Widerstand,

Ufer des Glindower Sees

die Geheime Staatspolizei der Nazis bezeichnete sie als »Rote Kapelle«. Im Juli 1942 fing man einen verschlüsselten Funkspruch der Widerständler ab und dechiffrierte ihn. Führende Mitglieder der Gruppe, darunter die Schulze-Boysens, wurden daraufhin gefasst und hingerichtet.

Am Havelufer stehen Gründerzeitarchitekturen. In den Gärten wachsen Sommerblumen und Obststauden. Vorbild für den schlanken neugotischen Dorfkirchturm war ein Südtiroler Sakralbau.

Nördlich des Gotteshauses hängt an einem langgestreckten alten Gebäude ein Schild. Es weist auf ein Museum hin.

Henni Jaensch-Zeymer im Websaal der Handweberei Geltow, 1980

HENNI JAENSCH wurde 1904 in Berlin-Lichterfelde geboren. Sie besuchte mehrere Zeichenschulen, als Mitglied der Wandervogelbewegung kam sie in die Rhön, wo sie für sich das Weberhandwerk entdeckte. Bei der Bauhausschülerin Else Mögelin begann sie eine Lehre und fand bald zu einem eigenen Stil, den sie »Kunst des Weglassens« nannte.

Handwebereimuseum in Geltow

Die Künstlergemeinschaft Gildenhall am Ruppiner See, in der sie zunächst wirkte, ging in Konkurs und löste sich auf. Henni Jaensch zog nach Rangsdorf, sie heiratete, sie eröffnete ihre erste eigene Werkstatt. 1934 legte sie die Meisterprüfung ab. Danach beschaffte sie sich Webstühle aus ganz Deutschland und zog in den leer stehenden Gasthof von Alt-Geltow, der von nun an für sie Werkstatt und Wohnsitz zugleich war.

Die Handweberwerkstatt von Henni Jaensch-Zemer, wie sie nun hieß, wurde überaus erfolgreich. Inzwischen gibt es sie seit 80 Jahren. Sie überstand den Zweiten Weltkrieg, sie überstand die DDR-Planwirtschaft.

Henni Jaensch-Zeymar starb 1998. Den Betrieb übernahm nun die Tochter einer früheren Mitarbeiterin. 1992 eröffnete das »Aktive Museum« in dem inzwischen denkmalgeschützten Gebäude, in dem 16 funktionstüchtige Handwebstühle stehen, der älteste ist 300 Jahre alt.

In dieser größten Handweberei Deutschlands werden Lehrgänge angeboten. Eine Ausstellung zeigt die Geschichte des Handwerks. Regelmäßig finden hier auch Konzerte statt, es gibt ein Hofcafé. Im Museumsshop (Leinenladen) können hauseigene Produkte erworben werden.

GELTOW KOMPAKT

R1, RB20, RB21, RB22, RB23, RB33, S7
bis Bhf Potsdam dann Bus631

A115 bis Dreieck Nuthetal, dort auf A10 bis Ausfahrt Ferch, K6907 und Fercher Str. bis B1 in Geltow nehmen

Aktives Handweberei-Museum »Henni Jaensch-Zeymer«
Am Wasser 19
14548 Schwielowsee OT Geltow
Tel.: 03327 55272
nachricht@handweberei-geltow.de
www.handweberei-geltow.de

Dorfkirche Geltow
Am Wasser 52
14548 Schwielowsee OT Geltow
Tel. +49 176 21620366
gkr-geltow@evkirchepotsdam.de
wer-wir-sind/gemeinden/geltow.html

Heimatstube Geltow
Am Wasser 2
14548 Schwielowsee OT Geltow
heimatverein.geltow@gmail.com
www.heimatverein-geltow.de

Gutshof Schwielowsee
Anette Kleiner
Baumgartenbrück 7
14548 Schwielowsee
Tel.: 03327 / 573636
anettekleiner@gutshof-schwielowsee.de
www.gutshof-schwielowsee.de

Klein Seeland Ferienhaus
Wentorf-Insel 6
14548 Schwielowsee
Tel.: 0160 / 97093778
kathrin@klein-seenland.de
www.klein-seeland.de

Restaurant »Grashorn«
Am Wasser 2
14548 Schwielowsee OT Geltow
Tel.: 03327 / 741 98 35
www.restaurant-grashorn-geltow.de

Restaurant »Zur Anglerklause«
Havelpromenade 2b
14548 Schwielowsee / Wildpark-West
Tel.: 03327 / 55484
info@anglerklause.de
www.anglerklause.de

Badestelle
Am Petzinsee

Schwielowsee und Blick auf Werder, Runde von Geltow
Länge: 11,9km
www.komoot.de/smarttour/19527123

Fähre Caputh und schön am Wasser entlang, Runde von Caputh-Geltow
Länge: 29km
www.komoot.de/smarttour/19795838

Blick auf die Halbinsel Werder und tolle Aussicht, Runde von Geltow
Länge: 11,9km
www.komoot.de/smarttour/14481213

Olympiastützpunkt Potsdam und Badestelle Petzinsee, Runde von Caputh-Geltow
Länge: 10,9km
www.komoot.de/smarttour/3655225

MARQUARDT

Das einstige Schorin war seit dem Mittelalter im Besitz zweier Familien. Es gab zwei Gutshöfe. Die Besitzer wechselten, 1704 verschenkte König Friedrich Schorin seinem Etatminister Marquardt Ludwig von Printzen. Dem zu Ehren lautete der Ortsname fortan Marquardt.

General Hans Rudolf von Bischoffwerder, ein Vertrauter von König Friedrich Wilhelm II., erwarb das Anwesen als Ruhesitz. Auf einem Hügel ließ er die sogenannte Blaue Grotte errichten, einen Raum mit doppelten Wänden und speziellen Licht- und Farbeffekten. Bischoffwerder war Anhänger des Okkultismus und Mitglied des Rosenkreuzer-Ordens. Ihm gelang es, seinen König für diese Gemeinschaft zu gewinnen. Im Beisein des Monarchen fanden spiritistische Sitzungen statt.

Ende des 19. Jahrhunderts machte Louis Auguste Ravené Schloss Marquart zu seinem Sommersitz. Er war durch Handel mit Stahl und Eisen reich geworden. Das Gebäude ließ er aufstocken und vergrößern, den Schlosspark erweitern. Ab 1932 verpachtete er das Anwesen an das Hotelunternehmen Kempinski, das, da jüdisch, von den Nazis enteignet wurde.

Nächster Betreiber war die Firma Aschinger. Dann, im Krieg, zog ein

Schloss Marquardt

Lazarett ein. Nach Kriegsende wohnten darin Heimatvertriebene, später wurde es eine Gehörlosenschule. Nach 1990 sollte der Hotelbetrieb wiederbelebt werden, was freilich misslang. Vorerst dient der Bau als Filmkulisse, und im Sommer finden hier Konzerte und Opernaufführungen statt.

Zwischen alten Bäumen führen Wege durch den von Peter Joseph Lenné gestalteten Schlosspark. Die Blaue Grotte existiert nicht mehr. Holzbrücken überqueren kleine Wasserläufe. Auf künstlichen Teichen schwimmt eine dicke Schicht Wasserlinsen. Es riecht nach Fäulnis.

MARQUARDT KOMPAKT

RB21
Bus 614 ab Potsdam Hbf

A10 Berliner Ring, Abfahrt Potsdam/Nord

Schloss und Schlosspark Marquardt
Hauptstr. 14
14476 Potsdam OT Marquardt
schloss-marquardt@web.de
www.schloss-marquardt.com

Strand am Schlänitzsee
Zugang über Strandweg (Grube)

KAYAK24
SUP, Kajak und Kanuverleih
Potsdam »Marquardt-Kanalbrücke«
an der Brücke über den Sacrow-Paretzer Kanal auf der B273
Tel.: 0331 / 279 720 73
www.kayak24.de

Obstgut Marquardt
Hofladen »Obstscheune«
Dorfstr. 10
14476 Potsdam OT Satzkorn
Tel.: 033208 / 577 18
obstgut@t-online.de
www.obstgut.de

Landgasthof »Zum alten Krug«
Hauptstr. 2
14476 Potsdam OT Marquardt
Tel.: 033208 / 572 33

Neue Brücke über die Havel und Insel Werder, Runde ab Marquardt
Länge: 30,3 km
www.komoot.de/smarttour/19429245

Auf dem Land–Schloss Paretz, Runde ab Marquardt
Länge: 23,6 km
www.komoot.de/smarttour/19245167

Schloss Marquardt und ein Weg direkt am Wasser, Runde ab Marquardt
Länge: 4,34 km
www.komoot.de/smarttour/3651872

Schloss Marquardt und Sacrow-Paretzer-Kanal, Runde ab Marquardt
Länge: 11 km
www.komoot.de/smarttour/10000250

WERDER

Der Begriff Werder bezeichnet eine Flussinsel. Der Fischerkiez am Ostufer der Havelinsel existiert seit dem 9. Jahrhundert. Aufgefundene Tonscherben weisen hin auf einen slawischen Burgwall in der Nähe. Teile der Bausubstanz auf dem Eiland sind 700 Jahre alt.

Im Mittelalter gehörte Werder dem Kloster Lehnin. Die Zisterziensermönche brachten Wein- und Obstanbau in die Region. Neben dem Fischfang wurde das zur wichtigsten Erwerbsquelle. In Spitzenzeiten gab es 240 Weinberge in und rund um Werder.

Der Ort erhielt das Privileg, Jahrmärkte abzuhalten. Infolge mangelnder Erträge und starker Konkurrenz aus südlichen Anbaugebieten verlor der Weinbau an Bedeutung, man stellte um auf Etagenobstanbau. Werder versorgte Berlin und Potsdam mit den Erträgen, Fabriken für Obstverarbeitung und Brauereien entstanden. Tonvorkommen wurden durch Ziegeleien erschlossen, die Bausteine gelangten nach Potsdam und Berlin auf dem Wasserweg. Werder expandierte.

Gegenüber der durch eine Brücke mit dem Festland verbundenen Altstadtinsel wuchs eine Vorstadt. Ende des 19. Jahrhunderts ging die Zie-

Turm der Heilig-Geist-Kirche und die Bockwinmühle in Werder

gelproduktion zurück, stattdessen wurde Werder nun als Ausflugs- und Reiseziel populär. Die verkehrsgünstige Lage an der Bahnlinie Berlin–Magdeburg beförderte den Tourismus. Um ihn zu intensivieren, beschlossen geschäftstüchtige Obstbauern 1879, das Baumblütenfest zu begehen, was bis heute gefeiert wird.

Der letzte Weltkrieg hat Werder verschont. Die Stadt blieb Obstanbauzentrum zu DDR-Zeiten, die Produzenten mussten sich in Genossenschaften zusammenschließen, was nach 1989 rückgängig gemacht wurde. Der Obstanbau ist hier, wie gehabt, die Sache von Familienunternehmen und Mittelständlern.

Das historische Viertel auf der Havelinsel wurde aufwendig saniert und steht unter Denkmalschutz. Die Altstadtkulisse mit Bockwindmühle und dem Kirchturm der Heiliggeistkirche schmückt zahllose Reiseführer. Inzwischen ist Werder erneut ein wichtiger Ort märkischen Weinanbaus.

Ein Spazierweg führt rund um die Altstadtinsel, auf mit Kopfstein gepflasterten engen Gassen. Nach dem Aufenthalt in einem Fischrestaurant geht es weiter zur Bismarckhöhe.

GALGENLIEDER Auf dem vormaligen Platz öffentlicher Hinrichtungen, dem historischen Galgenberg, betrieb ein Hotelier namens Emil Knorr eine Restauration samt Aussichtsturm. 1894 erwarb der Obstzüchter Gustav Altenkirch das Grundstück, ließ die Anlagen vergrößern und nannte die Gastwirtschaft Bismarckhöhe. 1895 kam der Dichter Christian Morgenstern zusammen mit seinen Freunden erstmals hierher. Sie gründeten ihren »Bund der Galgenbrüder«.

Morgenstern, 1871 in München geboren, stammte aus einer kunstaffinen Familie, zwei seiner Vorfahren waren Landschaftsmaler. Morgensterns Mutter starb früh an Tuberkulose. Er steckte sich bei ihr an, die Krankheit dominierte sein ganzes Leben. 1894 zog er nach Berlin, übernahm eine Stelle an der Nationalgalerie und schrieb für verschiedene Zeitschriften. Er übersetzte aus dem Skandinavischen und verfasste nebenher Gedichte. Bei einem Kuraufenthalt lernte er seine spätere Frau kennen. Das Paar freundete sich an mit dem Anthroposophen Rudolf Steiner. Morgensterns Gesundheitszustand verschlechter-

Christian Morgenstern, 1910

te sich zusehends, es gab immer häufigere Klinikaufenthalte, 1914 starb der Dichter in Südtirol.

Besonders bekannt wurden Morgensterns absurd-komischen Gedichte, ab 1895 verfasst und 1905 erstmals als Buch erschienen unter dem Titel »Die Galgenlieder«. Hier ein Beispiel:

Zwei Trichter wandeln durch die Nacht.
Durch ihres Rumpfs verengten Schacht
fließt weißes Mondlicht
still und heiter
auf ihren
Waldweg
u.s.
w.

Von der Literaturkritik zunächst übersehen, wurden Morgensterns »Galgenlieder« ein beträchtlicher Publikumserfolg, später ergänzt durch weitere absurde Gedichte, wie die um Palmström und Palma Kunkel. Morgenstern stellte seine Sammlung unter einen Ausspruch von Friedrich Nietzsche: »Im ächten Manne ist ein Kind versteckt: das will spielen.«

Blick vom Werderaner Wachtelberg zur Havel

Zum Abschluss soll es noch eine Probe in Werder gekelterten Weines geben. Der Weg führt auf den Wachtelberg.

MÄRKISCHER WEINBAU Die Geschichte der Rebkulturen reicht weit zurück. Archäologen trafen auf etwa 8000 Jahre alte Spuren in Georgien und in der Türkei. Die älteste Kelteranlage fand sich im heutigen Iran. Sämtliche antiken Hochkulturen im Mittelmeerraum waren mit Wein vertraut. Seine Kultur breitete sich von Osten nach Westen aus. Griechische Kolonisten brachten Rebstöcke an die südfranzösische Küste, die Römer nach Mittel- und Nordeuropa.

Rotweintrauben der Sorte Merlot auf dem Werderaner Wachtelberg

Zwischen den Jahren 900 und 1400 herrschte in Europa eine Warmzeit. Das milde Klima sorgte für Weinanbau selbst in Südengland. Zur gleichen Zeit brachten rheinische Siedler und Zisterzienser Reben aus Frankreich in die Mark Brandenburg, so auch nach Werder.

»Märkischer Erde Weinerträge – gehen durch die Kehle wie 'ne Säge«, spotteten im 16. Jahrhundert Studenten. Die Blütezeit des märkischen Weinbaus war da schon vorbei. Schlechte Witterung, mangelnde Qualifikation der Winzer und, vor allem, die Konkurrenz durch südliche Importe hatten dies bewirkt.

In den 1980er Jahren begann eine Werderaner Obstproduktions-Genossenschaft neuerlich mit dem Weinanbau, auf dem dortigen Wachtelberg. Heute produzieren drei örtliche Winzerbetriebe auf 10,4 Hektar Fläche. Reben wachsen nun auf dem Werderaner Wachtel- und Galgenberg, dem Wachtelberg in Phoeben und dem Potsdamer Weinberg. Gepflanzt werden weiße Sorten wie Müller-Thurgau und Sauvignon blanc, dazu rote Sorten wie Merlot und Dornfelder. Man zählt sich zum Anbaugebiet Saale-Unstrut.

Eine Straußenwirtschaft auf dem Wachtelberg schenkt Weißwein aus. Der Blick geht auf die Reihen von Rebstöcken mit reifen Trauben. Ein wenig ist es, als befände man sich viel weiter südlich.

WERDER KOMPAKT

R1 bis Bhf Werder

A10, Ausfahrt Glindow, dann L90, Poststr. Lange Str.
oder Ausfahrt Derwitz, dann B1

Stadt Werder (Havel)
Eisenbahnstr. 13/14
14542 Werder (Havel)
Tel.: 03327 / 78 30
poststelle@werder-havel.de
www.werder-havel.de

Bockwindmühle
Auf dem Mühlenberg
14542 Werder (Havel)
Tel.: 03327 / 783 372 oder 03327 / 783 373
tourismus@werder-havel.de

Christian Morgenstern Literaturmuseum
Hoher Weg 150
14542 Werder (Havel)
Tel.: 03327 / 669 40 21
info@christian-morgenstern-literatur-museum.de
www.christian-morgenstern-gesellschaft.de

Lilienthal Gedenkhaus
Am Derwitzer Dorfplatz
14542 Werder (Havel) OT Derwitz
Tel.: 033207 / 564 720

Scala Kulturpalast
Eisenbahnstr. 182
14542 Werder (Havel)
Tel.: 03327 / 462 31 75
post@scala-kulturpalast.de
www.scala-werder.de/kontakt

Comédie Soleil
Eisenbahnstr. 210
14542 Werder (Havel)
Tel.: 03327 / 547 235
kontakt@comediesoleil.de
www.comediesoleil.de

Fischrestaurant Arielle
Fischerstr. 33
14542 Werder (Havel)
Tel.: 03327 / 456 41
service@fischrestaurant-arielle.de
www.fischrestaurant-arielle.de

Restaurant Alte Überfahrt
Fischerstr. 48b
14542 Werder (Havel)
Tel.: 03327 / 731 33 36
info@alte-ueberfahrt.de
www.alte-ueberfahrt.de

Hotel zur Insel
Am Markt 6
14542 Werder (Havel)
Tel.: 03327 / 661 60
info@hotel-zur-insel.de
www.hotel-zur-insel.de

Hotel Prinz Heinrich
Fischerstr. 48b
14542 Werder (Havel)
Tel.: 03327 / 732 060
info@hotelprinzheinrich.de
www.hotelprinzheinrich.de

Blütencamping Riegelspitze
Fercher Str. 4-9
14542 Werder (Havel)
Tel.: 03327 / 423 97
info@bluetencamping.de
www.campingplatz-riegelspitze.de

Yachthafen Ringel
An der Havel 38
14542 Werder (Havel) OT Töplitz
Tel.: 033202 / 602 17
info@marina-ringel.de
www.marina-ringel.de/Pension

Bootsverleih Krüger & Till
Unter den Linden 17
14542 Werder (Havel)
Tel.: 03327 / 424 24
www.bootshandel-werder.de

Am Leuchtturm in Phöben
Kevin Giese
Hauptstr. 40
14542 Werder OT Phöben
Tel.: 0172 / 665 88 50
info@leuchtturm-phoeben.de

Familienbetrieb Barth – Remus
Sven Remus, Gerd Barth
14542 Werder OT Plessow
Tel.: 0151 / 407 108 79
BarthundRemus@web.de

Biohof Werder
Querhammer Fritz GbR
Eisenbahnstr. 158
14542 Werder
Tel.: 03327 / 520 25 72
info@biohof-werder.de
www.biohof-werder.de

Weinbau Dr. Lindicke
Am Plessower Eck 2
14542 Werder (Havel)
Tel.: 03327 / 741 410
weinbau@lindicke.de

Weingut Klosterhof Töplitz
Am Alten Weinberg 1
14542 Werder (Havel) OT Töplitz
Tel.: 033202 / 618 41
wolenski2019@t-online.de
www.weingut-toeplitz.de

Werderaner Tannenhof
Minigolf
Werderaner Tannenhof
Lehniner Chaussee 11
14542 Werder (Havel)
Tel.: 03327 / 732 40 00
kontakt@werderaner-tannenhof.de
www.werderaner-tannenhof.de

Haveltherme
Zum Großen Zernsee 15
14542 Werder (Havel)
Tel.: 03327 / 724 920
info@havel-therme.de
www.havel-therme.de

Blick auf Werder und Neue Brücke über die Havel, Runde ab Werder (Havel)
Länge: 13,5 km
www.komoot.de/smarttour/6798896

Panoramaweg Werderobst und Lilienthaldenkmal mit Ausblick, Runde ab Phöben
Länge: 35,8 km
www.komoot.de/smarttour/6813377

Tolle Aussicht und Blick auf die Halbinsel Werder, Runde ab Werder (Havel)
Länge: 12,6 km
www.komoot.de/smarttour/3656835

Brücke zur Insel Werder und Inselmühle, Runde ab Werder (Havel)
Länge: 4,65 km
www.komoot.de/smarttour/14480591

WESTLICHES HAVELLAND

Havel bei Milow

Altstadt von Nauen

NAUEN

Am Rand des Berliner Speckgürtels liegt das Ackerbürgerstädtchen mit seinen etwa 20.000 Einwohnern. 1186 zum ersten Mal urkundlich erwähnt, erhielt es 1292 das Stadtrecht. 1414 ließ Raubritter Dietrich von Quitzow den Ort niederbrennen. 1631 wüteten hier Truppen des kaiserlichen Feldherrn Tilly. Das letzte Großfeuer gab es 1695. Im 18. Jahrhundert entstand der Havelländische Hauptkanal.

Ab 1716 war Nauen Militärstandort. In der zweiten Hälfte des 19. Jahrhunderts prosperierte die Wirtschaft, eine Zuckerfabrik und eine städtische Gasanstalt entstanden. Die Nauener bauten sich ein größeres Rathaus, Sinnbild ihres gewachsenen Selbstbewusstseins. 1890 eröffnete der Vorortverkehr nach Berlin. Ein Kreiskrankenhaus und Schulen entstanden und 1906 die erste Funkstation der Welt, entwickelt von den Firmen AEG und Siemens. Heute ist sie die älteste noch bestehende Sendeanlage der Welt.

Das Konzentrationslager Oranienburg betrieb 1933 in einer Zementfabrik im Ortsteil Börnicke eine Außenstelle. Im November 1938 erlitt die jüdische Synagoge während des antisemitischen Pogroms erhebliche Beschädigungen. Im April 1945 zerstörte ein US-amerikanischer Bombenangriff den Bahnhof und anliegende Stadtgebiete.

Die DDR baute neue Wohnquartiere, während die Altstadt verfiel. Nach der Wiedervereinigung siedelten sich neue Unternehmen an. Die in Nauen stationierten sowjetischen Streitkräfte zogen 1994 ab. Die Sanierung der historischen Altstadt begann und rettete historisch wertvolle Substanz.

Das Wegenetz besteht aus Feldsteinstraßen, gesäumt von liebevoll sanierten Fachwerkhäusern und Jugendstilbauten. Die alte Synagoge befindet sich in der Goethestraße. Der mittelalterliche Grundriss Nauens lässt sich gut erkennen. Das Altstadtzentrum dominiert der mächtige Turm der Sankt-Jacobi-Kirche, ein spätgotischer Backsteinbau aus dem 15. Jahrhundert. Neben dem Rathaus aus der Gründerzeit befindet sich ein zentraler Kreisverkehr: PKW und LKW fahren pausenlos vorüber und verursachen ohrenbetäubenden Lärm. Eine Ausfahrtstraße führt nach Ribbeck.

NAUEN KOMPAKT

RE8, RE2, RB10, RB14 bis Bhf Nauen

A10, Ausfahrt Falkensee, Brieselanger Str., B273
oder Ausfahrt am Kreuz Spandau, dann B5

Stadt Nauen
Rathausplatz 1
14641 Nauen
Tel.: 03321 / 40 80
info@nauen.de
www.nauen.de

Großfunkstelle Nauen Historisches Sendergebäude
Graf-Arco-Str.
14641 Nauen

Richart-Hof Nauen
Gartenstr. 27
14641 Nauen

Historisches Germanen Dorf Gannahall
Kirchstr. 8
14641 Nauen
Tel.: 03321 / 746 91 05

Evangelische St. Jacobi Kirche Nauen
Lutherplatz
14641 Nauen

Osteria »Don Camillo e Peppone«
Mittelstr. 32
14641 Nauen
Tel.: 03321 / 825 99 01
info@doncamillo-nauen.de
www.doncamillo-nauen.de

Casa Toro Negro Nauen
Berliner Str. 1
14641 Nauen
Tel.: 03321 / 748 45 45
www.casa-toro-negro.de

Pension »Am Stadtpark«
Mauerstr. 33
14641 Nauen
Tel.: 03321 / 455 596
info@pension-am-stadtpark-nauen.de
www.pension-am-stadtpark-nauen.de

Hotel Lavendelhof
Am Schlangenhorst 21
14641 Nauen
Tel.: 03321 / 748 75 78
reservierung@lavendelhof-nauen.de
www.lavendelhof-nauen.de

Havellandradweg: Nauen und Havelland-Radweg, Runde ab Klein Behnitz
Länge: 33,8 km
www.komoot.de/smarttour/3620382

Havelland-Radweg und Schloss Ribbeck, Runde ab Lietzow
Länge: 39,6 km
www.komoot.de/smarttour/20947527

Dorfkirche Bredow und Dorfteich Bredow, Runde ab Nauen
Länge: 14,4 km
www.komoot.de/smarttour/5177927

Kirche Ribbeck und Schloss Ribbeck, Runde ab Nauen
Länge: 29 km
www.komoot.de/smarttour/330680

RIBBECK

Der Ort wurde bekannt durch eine Ballade Theodor Fontanes, die heute dessen bekannteste Versdichtung ist: Herr von Ribbeck auf Ribbeck im Havelland, ein gutmütiger alter Gutsherr, beschenkt im Herbst die Kinder des Dorfes mit Birnen. »Kumm man röwer, ick hebb 'ne Birn«, ruft er (noch zu Zeiten des Dichters sprach man hier Plattdeutsch). Ribbecks Sohn und Erbe indessen ist habgierig und geizig. Deshalb nimmt der alte Herr eine Birne mit ins Grab, aus deren Kernen ein Baum wächst, dessen Früchte fortan die Kinder des Dorfes pflücken und essen können.

Mit der Titelfigur der Ballade ist der 1759 verstorbene Hans-Georg von Ribbeck gemeint. Der Stumpf des ursprünglichen Birnbaums, 1911 bei einem Sturm zerbrochen, befindet sich nunmehr in der Dorfkirche. Im jahr 2000 wurde ein neuer Baum gepflanzt, der inzwischen Früchte trägt.

Ribbeck hat eine lange Siedlungsgeschichte. Die Ribbecks sind ein altes märkisches Adelsgeschlecht. Hans Georg Karl Anton von Ribbeck, der letzte Gutsherr, war ein Nazi-Gegner. Denunziert, verhaftetet und deportiert, starb er 1945 im Konzentrationslager Sachsenhausen.

Schloss Ribbeck

Plastik vor der Kirche in Ribbeck

An der alten Brennerei vorbei führt eine Kopfsteinpflasterstraße, die an dem ehemaligen Pfarrhaus, der alten Schule, die heute ein Café ist, und der Kirche vorbeiführt. Im ehemaligen Waschhaus befindet sich ein Hofladen. Die Kulturscheune und das Theater der Frische bieten regelmäßig Veranstaltungen an. Ein Orientierungssystem leitet durch den Ort.

Theodor Fontanes Ballade beschert eine anhaltende Konjunktur: Omnibusse schütten Touristen aus, die das Dorf durchstreifen, immer auf der Suche nach dem Birnbaum.

Das neobarocke Schloss, 1893 erbaut, war bis 1947 im Besitz der Ribbecks. Zu DDR-Zeiten erfuhr es bauliche Veränderungen, bis 2004 war darin ein Pflegeheim untergebracht. Die Ribbecks stellten Rückübereignungsansprüche, 1999 verglich man sich, das Schloss ist nun Eigentum des Landkreises. Es wurde denkmalgerecht saniert und beherbergt ein Fontane-Museum, ein Standesamt und ein Restaurant. Im Sommer finden darin Festspiele statt.

Hinter dem Schloss liegt der Familienfriedhof. Ein Gedenkstein erinnert an den ermordeten Hans Georg Karl Anton von Ribbeck. Mitglieder der Familie leben wieder am Ort. Es gibt, dies schon seit alters her, eine Anlage, die Essigsorten produziert und, vor allem, Obstbrände. Natürlich gibt es auch Birnenschnaps.

RIBBECK KOMPAKT

RE8 bis Paulinenaue, dann Bus 669 oder
RE8, RE2, RB10, RB14 bis Bhf Nauen dann Bus 661 oder

B5 oder A10 bis Autobahnkreuz Spandau, Ausfahrt B5 Wustermark, weiter auf B5

Alte Schule Ribbeck
mit Café
Am Birnbaum 3
14641 Nauen OT Ribbeck

Tel.: 033237 / 854 58
foerderverein-vif@t-online.de
www.alteschule-ribbeck.de

Schloss Ribbeck
mit Fontane-Museum
Theodor-Fontane-Str. 10
14641 Nauen OT Ribbeck
Tel.: 033237 / 859 00
info@schlossribbeck.de
www.schlossribbeck.de

Kulturscheune Ribbeck
Kulturverein Ribbeck e.V.
Am Birnbaum 1
14641 Nauen OT Ribbeck
Tel.: 033237 / 850 054
kulturverein@ribbeck-havelland.de
www.ribbeck-havelland.de

Evangelische Kirchengemeinde Ribbeck
Am Birnbaum 2
14641 Nauen OT Ribbeck
Tel.: 03321 / 491 18

Frau Wesche's Waschhaus Café
In der Alten Brennerei
Am Birnbaum 11
14641 Ribbeck
Tel.: 033237 / 851 06
www.waschhaus-ribbeck.de

Friedrich von Ribbeck
Am Birnbaum 25
14641 Nauen OT Ribbeck
Tel.: 033237 / 889 01
mail@vonribbeck.de
www.vonribbeck.de

Landhaus Ribbeck
Uhlenburger Weg 2b
14641 Nauen OT Ribbeck
Tel.: 033237 / 869 838
www.landhaus-ribbeck.de

Bed & Breakfast Fuchs & Hase
Am Birnbaum 13d
14641 Ribbeck
Tel.: 033237 / 858 264
info@fuchshase.org
www.fuchshase.org

Kinderbauernhof Marienhof
Am Marienhof
114641 Nauen OT Ribbeck
Tel.: 033237 / 888 91
ferien@marienhof-ribbeck.de
www.marienhof-ribbeck.de

Märkischer Hofladen Selbelang
Dorfstr. 1a
14641 Paulinenaue
Tel.: 0172 / 450 09 99

Schloss Ribbeck und Birnbaum zu Ribbeck, Runde ab Paulinenaue
Länge: 20 km
www.komoot.de/smarttour/11961783

Groß Behnitz und Landgut Stober–Schloss Ribbeck, Runde ab Paulinenaue
Länge: 33,6 km
www.komoot.de/smarttour/7767986

Alte Brennerei Ribbeck und Kirche Ribbeck, Runde ab Ribbeck
Länge: 5,30 km
www.komoot.de/smarttour/612422

Kirche Ribbeck und Uferweg Groß Behnitzer See, Runde ab Ribbeck
Länge: 16 km
www.komoot.de/smarttour/3623279

NENNHAUSEN

Im 17. Jahrhundert erwarb die Familie von Briest das Rittergut Nennhausen. Im 18. Jahrhundert entstand ein Schloss, später erfolgte dessen Umbau im Tudorstil. Der barocke Park wurde zu einem etwa 40 Hektar großen englischen Landschaftsgarten.

MÄRKISCHER LITERATURSALON Auch die Briests sind eine alte märkische Adelsdynastie. Prominentestes Mitglied war Caroline von Briest, die 1803 den romantischen Dichter Friedrich de la Motte Fouqué ehelichte. Beide unterhielten in Nennhausen einen literarischen Salon, in dem etwa Rahel Varnhagen, Johann Gottlieb Fichte, Joseph von Eichendorff, Wilhelm von Humboldt, Adelbert von Chamisso und E.T.A. Hoffmann verkehrten. Fouqué schrieb hier seine berühmte Märchennovelle »Undine«, nach der E.T.A. Hoffmann eine Oper komponierte, die ihre erfolgreiche Uraufführung im Schauspielhaus am Berliner Gendarmenmarkt erfuhr.

Die Briests starben 1822 aus. Ihr Name blieb lebendig durch Theodor Fontanes Roman »Effi Briest«. Fouqué lebte in Schloss Nennhausen bis 1833.

Schloss Nennhausen

Nach mehreren Besitzerwechseln und unterschiedlichen Nutzungen brach 1983 in dem Schloss ein Brand aus. Von 1992 bis 2005 wurde es samt dem Park saniert. Heute ist es in Privatbesitz.

In der kleinen, im Park befindlichen und rekonstruierten Orangerie finden Tagungen statt. Im Obergeschoss kann eine Ferienwohnung gemietet werden.

Der Park ist für das Publikum geöffnet. An Bäumen hängen Reliefs aus Ton, darauf Abbilder der einst hier eingekehrten Literaten. Die Objekte drehen sich im Wind. Geschaffen hat sie der südafrikanische Bildhauer Dirk Harms.

Caroline von de la Motte Foqué, geborene Briest, Tonplastik von Dirk Harms

NENNHAUSEN KOMPAKT

R4 bis Bhf Nennhausen

B5
oder A10 bis Kreuz Berlin-Spandau, ab da B5

Amt Nennhausen
Fouqué-Platz 3
14715 Nennhausen
Tel.: 033878 / 64 90
info@amt-nennhausen.de
www.amt-nennhausen.de

Förderverein Schloss und Landschaftspark Nennhausen e. V.
Fouqué-Platz 4
14715 Nennhausen
Tel.: 033878 / 605 05
info@schloss-nennhausen.de
www.schloss-nennhausen.de

Altes Gärtnerhaus
Fouqué-Platz 2
14715 Nennhausen
Tel.: 033878 / 64 90
info@amt-nennhausen.de
www.amt-nennhausen.de

Imkerhof Falkenhagen
Bahnhofstr. 11
14715 Märkisch Luch OT Buschow
Tel.: 033876 / 401 79
imkerhof-falkenhagen@t-online.de

Urlaub auf dem Bauernhof
Rathenower Straße 7
14715 Nennhausen OT Gräningen
Tel.: 033878 / 602 69
kontakt@bauernhof-kaethe.de
www.bauernhof-kaethe.de

Alte Brennerei Liepe
Breite Straße 41
14715 Nennhausen OT Liepe
Tel.: 033876 / 299791
alte-brennerei@goettliches-projekt.de
www.goettliches-projekt.de/seite/466076/das-restaurant.html

Hohennauener-Ferchesarer See

Brücke am Hohennauener See und Badestelle Ferchesar, Runde ab Nennhausen
Länge: 46,8 km
www.komoot.de/smarttour/17340903

Kirche in Kriele–HVL–Kotzen–Kriele, Runde ab Senzke
Länge: 26,7 km
www.komoot.de/smarttour/1046348

Kirche Nennhausen, Runde ab Nennhausen
Länge: 4,66 km
www.komoot.de/smarttour/6674430

Kirche Nennhausen, Runde ab Nennhausen
Länge: 12,7 km
www.komoot.de/smarttour/1035102

ELSTAL, DÖBERITZER HEIDE

An der Station Elstal hält der Regionalzug. Über ausgedehnte Gleisanlagen führt eine Brücke. Der Blick fällt auf massive Backsteinbauten und einen Wasserturm. 1907 nahm der Verschiebebahnhof Wustermark seinen Betrieb auf, zu jener Zeit eine der größten und modernsten Rangierstationen Deutschlands.

Ziel sei das Olympische Dorf. Bei Autofahrten auf dem westlichen Berliner Ring fallen schon dessen Ruinen auf.

OLYMPISCHES DORF Für die Olympischen Sommerspiele 1936 mussten Unterkünfte geschaffen werden. Der Architekt des Olympiastadions, Walter March, und dessen Bruder Werner wurden mit deren Planung beauftragt. Offiziell als Dorf des Friedens deklariert, war von Beginn an die spätere Nutzung als Militärobjekt vorgesehen. Massiv gebaute Wohnhäuser boten Platz für 3600 männliche Sportler samt deren Personal. Die weiblichen Teilnehmer wurden nahe dem Stadion, im Deutschen Sportforum, untergebracht.

Das Olympiadorf hatte insgesamt 136 Wohngebäude, dazu gab es Funktionsbauten. Jede Wohnunterkunft trug den Namen einer deutschen Stadt. Es entstanden außerdem ein Thing-Platz und, etwas abseits gelegen, ein Waldsee. Den Zutritt zum Dorf überwachte die Geheime Staatspolizei, verantwortlich für den Gesamtbetrieb war ein Kommandant. Abendliche Unterhaltungsprogramme fanden statt, die sich als reine NS-Propaganda erwiesen, wogegen manche der Sportler protestierten.

Gleisanlagen im Bahnhof Wustermark

Unmittelbar nach dem Ende der Spiele zog eine Infanterieschule ein. Das Dorf blieb deutsches Kasernengelände bis 1945, danach wurde es von der Roten Armee genutzt. Als deren Soldaten 1992 Deutschland verließen, begann das Gelände zu

Ruine des ehemaligen Schwimmbads im Olympischen Dorf

Ruinen im Olympischen Dorf

verfallen. Inzwischen steht es unter Denkmalschutz. Eine Immobilienfirma begann damit, exklusive Appartements einzurichten, von denen die ersten bereits bezogen sind. Man fragt sich, wie es sein mag, ständig hier zu leben.

SOLDATISCHES UND NATURSCHUTZ Im Jahre 1713 begann das preußische Militär, in der Döberitzer Heide Manöver abzuhalten. Das Schicksal des Geländes war damit für die nächsten 300 Jahre besiegelt. Veränderungen entsprachen Fortschritten bei Rüstung und Logistik. Kaiser Wilhelm II. ließ das Gelände zum förmlichen Truppenübungsplatz ausbauen; die heute noch diesen Namen führende Heerstraße verband ihn mit dem Berliner Schloss. 1910 nahm der Flugplatz Döberitz seinen Betrieb auf.

Während der Olympischen Sommerspiele 1936 fanden auf dem Areal die Wettbewerbe im Geländeritt statt. Gelegentlich, in der NS-Zeit, diente der Truppenübungslatz als Drehort für Propagandafilme.

Nach 1945 übernahm ihn die Rote Armee. Sie blieb bis 1992. Mit ihrem Abzug fand die militärische Nutzung überwiegend ein Ende – bis auf ein vergleichsweise kleines Gelände, das heute die Bundeswehr nutzt. Die Heidelandschaft ist munitionsverseucht, weswegen es keinerlei Be-

Freilaufende Rinder auf dem Gelände der Döberitzer Heide

wirtschaftung gibt. Dafür entwickelte sich eine besondere Flora und Fauna.

Sie gilt als bemerkenswert. 415 Hektar deklarierte deswegen das Land Brandenburg zum Naturschutzgebiet. Außerdem gibt es noch den geschützten Ferbitzer Bruch, während die gemeinnützige Stiftung des bekannten Zoologen Heinz Sielmann ca. 3600 Hektar Fläche erwarb.

Wander- und Reitwege wurden angelegt. Ein Aussichtsturm wurde gebaut. Im einstigen Kommandanturgebäude der Roten Armee soll ein Informationszentrum entstehen. Die Döberitzer Heide hat sich dem Tourismus geöffnet.

Auf dem Rundweg ragen Betonreste und rostige Eisen aus dem dürren Gras. Ein Pickup wirbelt Staub auf. Ranger werfen Heu über die Abzäunung. Przewalskipferde traben umher, sie wurden hier angesiedelt, ebenso wie Wisente, die letzten noch frei lebenden Wildrinder in Europa.

Am Ausgang der Naturlandschaft erklingt Musik. Bewegte Fahrwerke werden sichtbar, sie gehören zu einem großen Freizeitpark, den eine Obstanbaufirma betreibt. Auf dem Weg zum Bahnhof finden sich Hinweise auf ein Designer Outlet.

ELSTAL, DÖBERITZER HEIDE KOMPAKT

R4, RB21 bis Bhf Elstal

B5 oder
A10, Ausfahrt Kreuz Berlin Spandau, B5
Richtung Elbtal

Gemeinde Wustermark
Hoppenrader Allee 1
14641 Wustermark
Tel.: 033234 / 730
info@wustermark.de
www.wustermark.de

Historia Elstal e.V.
Ernst-Walter-Weg 40
14641 Wustermark OT Elstal
Tel.: 033234 / 862 77
info@historia-elstal.de
www.historia-elstal.de

Olympisches Dorf Elstal
Rosa-Luxemburg-Allee 70
14641 Wustermark
info@historia-elstal.de
www.historia-elstal.de/olympdorf.html

Große Militärtour Döberitzer Heide
Terra Incognita Tours
Tel.: 033222 / 441 42
info@terra-incognita-tours.com
www.terra-incognita-tours.com

Sielmanns Naturlandschaft
Döberitzer Heide
Zur Döberitzer Heide 10
14641 Wustermark OT Elstal
Tel.: 05527 / 91 40
info@sielmann-stiftung.de
www.sielmann-stiftung.de/natur-erleben/erholungsorte/doeberitzer-heide

Karls Erlebnis-Dorf
Zur Döberitzer Heide 1
14641 Wustermark OT Elstal
post@karls.de
www.karls.de/elstal

Designer Outlet Berlin
Alter Spandauer Weg 1
14641 Wustermark
Tel.: 033234 / 90 40
info@designeroutletberlin.de
www.mcarthurglen.com (Designer Outlet Berlin)

Sicht auf Havelkanal und Priort, Runde ab Elstal
Länge: 19,4 km
www.komoot.de/smarttour/20941556

Priort–Kirche Priort, Runde ab Elstal
Länge: 32,1 km
www.komoot.de/smarttour/5183136

Döberitzer Heide und Döberitzer Heidelandschaft, Runde ab Siedlung
Länge: 11,7 km
www.komoot.de/smarttour/6740737

Eichberg und Chronik Priort, Runde ab Siedlung
Länge: 4,92 km
www.komoot.de/smarttour/17343757

KETZIN

Die Fähre Charlotte setzt über nach Ketzin. Der Ort besitzt das Fährrecht seit dem Mittelalter. Heute existiert eine ganzjährige Schiffsverbindung von und nach Schmergow.

Die Leute hier lebten überwiegend vom Fischfang. 1860 wurde in der Gegend Tonerde entdeckt, und bald gab es rund um Ketzin zahlreiche Stiche und Ziegeleien, wie auch im benachbarten Paretz und in Götz. Eine Zuckerfabrik begann mit der Produktion. Schiffe schafften Bausteine und landwirtschaftliche Erzeugnisse in die umliegenden Großstädte. Schifffahrt und Schiffsbau hatten schließlich eine solche Bedeutung, dass sich eine eigene Innung bildete.

BAUMPFLEGE Hellmut Späth war in vierter Generation Besitzer und Betreiber einer Baumschule; ihr Sitz befand sich im heutigen Berliner Stadtviertel Baumschulenweg. 1720 gegründet, bewirtschaftete sie große Anbauflächen und verfügte über einen eigenen Bahnanschluss. Durch den Bau des Teltower und des Britzer Kanals sank der Grundwasserspiegel derart, dass neue Anbaugebiete gesucht werden mussten.

Havel bei Phoeben

In Ketzin wurde Späth fündig. 1917 erwarb er hier ein Rittergut. Seine Baumschule produzierte nun auch in Ketzin, sie prosperierte, zeitweise war sie die größte ihrer Art weltweit. Erst in der Weltwirtschaftskrise von 1929 geriet sie in Schwierigkeiten.

1933 trat Späth der Nazi-Partei bei, wohl um an lukrative Aufträge zu gelangen. Allerdings war er, in erster Ehe, mit einer Jüdin verheiratet, und er beschäftigte Juden. 1943 wurde er festgenommen, seine Sekretärin hatte ihn denunziert. Verurteilt zu einem Jahr Haft, das er in Bautzen verbüßte, wurde er anschließend Häftling im Konzentrationslager Sachsenhausen. Dort ist er 1945 zu Tode gekommen.

Seine Baumschule bestand weiter. In der DDR war sie ein Volkseigener Betrieb, nach der deutschen Wiedervereinigung wurde sie zurückerstattet an die Erben.

KETZIN KOMPAKT

R4, R8 bis Bhf Nauen, dann Bus 658

A10 bis Ausfahrt Potsdam Nord,
dann L862 bis Falkenrehder Chaussee
B2 bis Marquardt, dann B273,
Potsdamer Allee und Falkenrehder
Chaussee

Dauerausstellung Ziegelei
Rathausstr. 7
14669 Ketzin/Havel
Tel.: 033233 / 738 30

Dorfmuseum Tremmen
Heerstr. 6
14669 Ketzin/Havel OT Tremmen
Tel.: 033233 / 736 99
kontakt@museumtremmen.de
www.museumtremmen.de

Aussichtsturm Götzer Berge
Bergstr.
14550 Groß Kreutz OT Götzer Berge

Gutshof Ketzin – Hotel und Restaurant
Rathausstr. 3
14669 Ketzin
Tel.: 033233 / 734 270
info@gutshof-ketzin.de
www.gutshof-ketzin.de

Restaurant & Café »An der Fähre«
An der Fähre 1
14669 Ketzin
Tel.: 033233 / 806 32
info@an-der-faehre.de
www.an-der-faehre.de

Campingplatz »An der Havel«
Vermietung von Kanus
Friedrich-Ludwig-Jahn-Weg 33
Tel.: 033233 / 211 50
www.havelcamping-ketzin.de

Personenschifffahrt Wilfried Herzog
An der Havel 18
14669 Ketzin
Tel.: 033233 / 827 98

info@reederei-herzog.de
www.reederei-herzog.de

Havelfähre Charlotte
Auto- und Personenfähre
An der Fähre
14669 Ketzin
Tel.: 0162 / 200 42 85

Baden
Ketziner Havelstrand
Friedrich-Ludwig-Jahn-Weg 31
Tel.: 0171 / 971 15 47
havelstrand@ketzin.de
www.ketziner-havelstrand.de

An der Phöbener Havel und Fähre Ketzin, Runde ab Ketzin
Länge: 26,8 km
www.komoot.de/smarttour/19281602

Havelradweg und Rastplatz Hafen Trebelsee, Runde ab Ketzin
Länge: 29,9 km
www.komoot.de/smarttour/19524826

Schloss Paretz und Dorfkirche Paretz, Runde ab Ketzin
Länge: 10,7 km
www.komoot.de/smarttour/3656709

Kirche Phöben und Havelfähre »Charlotte«, Runde ab Paretz
Länge: 12,4 km
www.komoot.de/smarttour/9992921

PARETZ

Der preußische Kronprinz Friedrich Wilhelm und seine Frau Luise fassten gegen Ende des 18.Jahrhunderts den Entschluss, sich abseits von Berlin und Potsdam eine Sommerresidenz zuzulegen. Dorthin wollten sie dem steifen Hofleben entfliehen. Sie fanden einen Platz inmitten der Havelniederungen.

1797 erwarb Friedrich Wilhelm das Gut Paretz, später kaufte er noch die Güter Falkenrehde und Uetz hinzu. Vorgesehen war ein Landsitz nach englischem Vorbild, Architekt David Gilly begann mit der Arbeit. Den wendischen Fischerkiez verwandelte er in ein preußisches Musterdorf, mit eigens gestalteten Funktionsbauten und Höfen, mit einem frühklassizistisch einfachen Landschloss und einer neugotischen Dorfkirche. Auch die Entwürfe für den Park stammen vermutlich von Gilly, ausgeführt hat sie der Hofgärtner David Garmatter. Entstanden ist rund ums Schloss ein Garten mit Kleinarchitekturen, außerdem gab es einen Rohr- und einen Kirchgarten. Das Schloss war ausgestattet mit hochwertigen Möbeln. Berühmt waren die mit Tier- und Pflanzendarstellungen bemalten und bedruckten Papiertapeten, manche importiert aus China, andere aus Frankreich.

Schloss Paretz

Bis zu Luises Tod 1810 verbrachte das Ehepaar hier die Sommer. Später kam der König allein. Irgendwann geriet Paretz etwas in Vergessenheit. Im Besitz der Hohenzollern blieb es weiterhin.

Nach 1945 kam es in Paretz zu Plünderungen und diversen Umnutzungen. Das Schloss war Armeestandort, Flüchtlingsunterkunft, Tierzuchtstation, Schul- und Kulturhaus. In der späten DDR begannen erste Sicherungsmaßnahmen der Bausubstanz, nach 1989 gründete sich ein Förderverein. Das Land Brandenburg kaufte schließlich das Schloss, eine umfangreiche Rekonstruktion auch des Parks begann. 2014 eröffnete eine Dauerausstellung, zu der Originale der ursprünglichen Innenausstattung gehören, darunter die Tapeten. Die Remise zeigt eine Sammlung von Kutschen. In der Scheune befindet sich ein Café.

PARETZ KOMPAKT

R4 bis Bhf Wustermark
dann Bus 642 nach Paretz
oder R4, R8 bis Bhf Nauen
dann Bus 658

A10 bis Ausfahrt 25 Potsdam Nord, dann Partzer Str. folgen

Schloss & Schlossgarten Paretz
Parkring 1
14669 Paretz/Ketzin
Tel.: 033233 / 736 11
schloss-paretz@spsg.de
www.spsg.de (Schloss und Park Paretz)

Verein Historisches Paretz e. V.
Parkring 1
14669 Ketzin/Havel
Tel.: 033233 / 807 47
vorstand@paretz-verein.de
www.paretz-verein.de

Dorfkirche Paretz
Parkring 7
14669 Ketzin
Tel.: 03321 / 452 989
www.ev-kirchen-havelland.de

Storchenhof Paretz und Paretzer Scheune
Stiftung Paretz, Familie Hipp, zenobi GmbH
Werderdammstr. 12
14669 Ketzin OT Paretz
Tel.: 030 / 802 088 79 00
mail@paretz.online
claudia.hipp@storchenhof-paretz.de
www.paretz.online
www.storchenhof-paretz.de

Restaurant & Biergarten Gotisches Haus Paretz
ehemals königliche Schmiede
Parkring 21
14669 Ketzin OT Paretz
Tel.: 033233 / 805 09
gotisches-haus@web.de
www.gotisches-haus-paretz-online.de

Landhaus Arcadia
Paretzhofer Str. 36
14669 Paretz
Tel.: 033233 / 748 508
info@komfort-ferienwohnung.com
www.komfort-ferienwohnung.com

Havelblick mit Bank und Fähre Ketzin, Runde ab Paretz
Länge: 12 km
www.komoot.de/smarttour/19421010

Schlosspark Marquardt und Auf dem Land, Runde ab Ketzin
Länge: 23,7 km
www.komoot.de/smarttour/25589

Schloss Paretz und Dorfkirche Paretz, Runde ab Ketzin
Länge: 10,4 km
www.komoot.de/smarttour/3656709

Schöpfwerk, Schleuse Paretz und Dorfkirche Paretz, Runde ab Paretz
Länge: 7,22 km
www.komoot.de/smarttour/9992957

LEHNIN

Erster askanischer Herrscher in der Mark Brandenburg war Albrecht der Bär. Er hatte den Slawenfürsten Jaxa von Köpenick besiegt und damit die Germanisierung von Gebieten östlich der Elbe vorangetrieben. Immer wieder gelang den Slawen eine teilweise Rückeroberung. Die Askanier begegneten dem, indem sie Zuwanderer, vornehmlich aus Flandern, ins Land holten und die Slawen missionieren ließen. Letzteres war Aufgabe des Mönchsordens der Zisterzienser.

ZISTERZIENSER Die klösterliche Kultur im europäischen Mittelalter geht zurück auf den umbrischen Einsiedler und Abt Benedikt von Nursia. Der von ihm gegründete Orden folgte den von ihm geschaffenen Regeln. Die Grundsätze lauteten: Gehorsam, Keuschheit, Armut, Mildtätigkeit und Verschwiegenheit. Pflicht war ein Leben mit Gebet und Arbeit.

Der Benediktinerorden breitete sich rasch aus. Seine Klöster wurden größer und mächtiger, mit dem Resultat, dass der Betrieb mehr und mehr gegen Benedikts Regeln verstieß. Der feiste und faule Mönch wurde zu einer verbreiteten Erscheinung.

Westseite der Klosterkirche in Lehnin

Dagegen bildeten sich Reformbewegungen. Ihr Ziel war es, die ursprüngliche Form klösterlichen Lebens wiederherzustellen. Dies begann in Burgund, im Kloster Cluny, wo freilich, nach einer Periode des Purismus, gleichfalls das verpönte Luxusleben um sich griff. Als Reaktion darauf entstand eine neuerliche Reformbewegung. Ihr Ursprungsort war das burgundische Kloster Cîteaux. Es wurde Mutterhaus des Ordens der Zisterzienser.

Er war die gewiss erfolgreichste christliche Bruderschaft im Hochmittelalter. Seine Mönche befolgten streng die benediktinischen Regeln. Seine Klöster zeichneten sich aus durch ihre architektonische Bescheidenheit, durch den Verzicht auf Türme, auf Apsiden. Die Mönche rodeten Wälder und betrieben erfolgreich Feldwirtschaft, sie legten Fischteiche an, sie kultivierten den Weinbau.

KLOSTER LEHNIN Brandenburgs askanischer Markgraf Otto I. stiftete 1180 das Zisterzienserkloster Lehnin. Erste Mönche kamen aus dem Harzvorland. Lehnin sollte dem Herrscherhaus später als Grablege dienen.

1185 begann der Bau der backsteinernen Klosterkirche. Entsprechend den Ordensprinzipien besitzt die spätromanische Pfeilerbasilika mit ihren drei Schiffen keinerlei Schmuckelemente. Statt eines Glockenturms

Altes Abtshaus

Kornhaus des Klosters Lehnin

gibt es lediglich einen Dachreiter. Der Bau war nach 90 Jahren vollendet.

Lehnin entwickelte sich zu einer reichen und mächtigen Abtei. Mitte des 13. Jahrhunderts lebten hier etwa 100 Mönche, zunächst nur Abkömmlinge aus Adelsfamilien, später auch Angehörige niederer Stände. Das Sumpfland wurde trocken gelegt, was Ackerbau und Viehzucht ermöglichte. Dazu kamen Müllereibetrieb, Fischfang, Imkerei und Weinbau. Lehniner Erzeugnisse wurden bis nach Hamburg gehandelt.

Das Kloster musste nach dem Ende der Askanierherrschaft wiederholt seinen Besitz mit Waffengewalt verteidigen, so gegen Raubzüge wie die der Quitzows. Mit der Hohenzollernherrschaft kehrte der alte klösterliche Glanz noch einmal zurück, man war ein Ort der Gelehrsamkeit, mit Klosterschule und Bibliothek.

Durch die Reformation wurde Lehnin 1542 säkularisiert. Der Bau begann zu verfallen. Der Dreißigjährige Krieg brachte Brände und Plünderungen. Der Große Kurfürst machte aus dem Kloster ein Jagdschloss, seine Frau nutzte es als Sommersitz.

Erst in den 1870er Jahren begannen Rekonstruktionsarbeiten. Seit dem Beginn des 20. Jahrhunderts dient die Klosteranlage als Diakonissensitz.

Im Museum im Amtshaus erzählt eine Dauerausstellung vom Leben der Zisterzienser und dem der Diakonissen. Besichtigungstouren führen zu Kirche, Klausur, Brauhaus, Kornhaus, Scheunen, Torkapelle und Hospital. Die Sonne lässt das Rot der Backsteinmauern leuchten. Im Klostergarten blühen Kräuterpflanzen.

WILLIBALD ALEXIS Im Ort selbst gibt es einen dem Schriftsteller Willibald Alexis gewidmeten Wanderweg.

Sein Name war ein Pseudonym. Eigentlich hieß er Georg Wilhelm Heinrich Häring, war der Sohn hugenottischer Eltern und studierte

Amtshaus, heute Museum

Rechtswissenschaften. Zunächst Referendar am Kammergericht in Berlin, lernte er den Verleger Julius Eduard Hitzig kennen und begann zu schreiben. Bereits sein erstes Buch, der historische Roman »Walladmor«, war so erfolgreich, dass er künftig als freier Autor leben konnte.

Historische Romane waren im 19. Jahrhundert außerordentlich populär, in ganz Europa und so auch in Deutschland. Anregung und Vorbild waren, unter anderen, die Bücher des Schotten Walter Scott und des Franzosen Victor Hugo, in Deutschland auch der Roman »Lichtenstein« von Wilhelm Hauff.

Alexis schrieb zudem Kriminalgeschichten, Balladen, Reiseberichte und Theaterkritiken. Er gründete Lesegesellschaften und leitete Buchhandlungen. In seinem Berliner Wohnhaus trafen sich Literaten. Der Ausgang der Revolution 1848 enttäuschte ihn, er verließ Preußen und zog sich ins thüringische Arnstadt zurück.

Willibald Alexis, um 1840

Nach einem Schlaganfall konnte Alexis nicht mehr arbeiten. Seine finanziellen Mit-

Denkmal für Willibald Alexis

tel waren bald verbraucht. Der einst vermögende Autor benötigte schließlich finanzielle Unterstützung. Seine Bücher und er selber gerieten in Vergessenheit.

Einige Jahre verbrachte er in Lehnin, hier verfasste er zwei seiner Romane. In einem davon mit dem Titel »Der Werwolf« tritt ein Lehniner Mönch auf, der kaiserlicher Berater und schließlich Erzbischof von Magdeburg wird. Der Roman »Die Hosen des Herrn von Bredow« erzählt die Gründungslegende des Klosters.

Mit einer Steinpyramide ehrte Lehnin Willibald Alexis 1914.

LEHNIN KOMPAKT

R1 bis Bhf Brandenburg, dann Bus 554
RB20, RB21, RB22, RB23, RE1, S1, S7 bis Bhf Potsdam, dann Bus 580

A10, Abfahrt Lehnin, B2, L86

Rathaus Kloster Lehnin
Friedensstr. 3
14797 Kloster Lehnin OT Lehnin
Tel.: 03382 / 730 70
kontakt@lehnin.de
www.klosterlehnin.de

Touristeninformation
Markgrafenplatz 1
14797 Kloster Lehnin OT Lehnin
Tel.: 03382 / 236 389 9
touristinfo@lehnin.de
www.kloster-lehnin.net

Museum im Zisterzienserkloster Lehnin
Klosterkirchplatz 4
14797 Kloster Lehnin OT Lehnin
Tel.: 03382 / 768 842
oder 0178 / 618 71 38
museum-lehnin@diakonissenhaus.de
www.diakonissenhaus.de/zentrum-kloster-lehnin/museum-und-fuehrungen

Skulpturenpark am Klostersee
mit Ufercafé
Lehniner Institut für Kunst und Kultur
Zum Strandbad 39
14797 Kloster Lehnin
Tel.: 0176 / 557 430 70
info@kunstortlehnin.de
www.kunstortlehnin.de/bildende-kunst/skulpturenpark

Geführte Wanderungen
Wanderwegewarte, Jutta Scherling & Klaus-Peter Lenz
Tel.: 03382 / 701 711
klaus-peter.lenz@gmx.de

Strandbad Lehnin
mit Strandcafé und Verleih von Kanus, Kajaks, Stand-Up-Paddel, kleinen Motorbooten
Andrea und Christian Schulze
Zum Strandbad 49
14797 Kloster Lehnin OT Lehnin
Tel.: 03382 / 741 951
bootshafen@gmail.com
www.strandbad-lehnin.de

Naturbadestelle am Gohlitzsee (Nordufer)
Zugang über Lindenstr.

Fischereibetrieb Thomas Schröder in Kloster Lehnin
Zum Strandbad 27
14797 Kloster Lehnin
Tel.: 0176 / 785 973 63

Gästehaus Zentrum Kloster Lehnin
Klosterkirchplatz 13
14797 Kloster Lehnin
Tel.: 03382 / 703 321
zentrum-kloster-lehnin@diakonissen-haus.de
www.diakonissenhaus.de/zentrum-kloster-lehnin
Hotel Markgraf
Friedensstr. 13
14797 Kloster Lehnin
Tel.: 03382 / 76 50
info@hotel-markgraf.de
www.hotel-markgraf.de

Kloster-Café Fiedler
Marktplatz 6
14797 Kloster Lehnin
Tel.: 03382 / 333
kloster-cafe@t-online.de
www.klostercafe-lehnin.de

Vogelbeobachtungsturm und Netzener Badestelle, Runde ab Lehnin
Länge: 18,8 km
www.komoot.de/smarttour/14758412

Zisterzienserkloster Lehnin und Panoramaradweg Werderobst, Runde ab Lehnin
Länge: 37,9 km
www.komoot.de/smarttour/14897413

Kloster Lehnin und Schöner Waldweg, Runde ab Lehnin
Länge: 9,07 km
www.komoot.de/smarttour/417030

Gohlitzsee und Blick auf den Gohlitzsee, Runde ab Lehnin
Länge: 6,45 km
www.komoot.de/smarttour/18814785

HAVELLAND UM BRANDENBURG

Alte Havel-Brücke Plauen

Eisenbahnreparaturwerk Kirchmöser

KIRCHMÖSER

Heute ist Kirchmöser ein Ortsteil der Stadt Brandenburg. Gelegen ist es am Knick der Havel, direkt am Elbe-Havel-Kanal. Bis zum Ersten Weltkrieg war es nicht mehr als ein kleines abgelegenes Bauerndorf mit Namen Möser. Die Eigentümer wechselten mehrfach, unter ihnen waren das Brandenburger Domkapitel und das Kloster Lehnin.

1914 begann die Entwicklung zum Industriestandort. Auf der Halbinsel zwischen Möser und Plaue wurde eine Pulverfabrik errichtet, innerhalb von nur einem Jahr entstanden 400 Werksbauten und 172 Wohnungen. Die Pulverproduktion hatte 4000 Beschäftigte, dazu kamen 2000 Kriegsgefangene. Der 65 Meter hohe Wasserturm und der Bahnhof entstanden. Da bei Magdeburg bereits eine Bahnstation namens Möser existierte, hieß das einstige Haveldorf fortan Kirchmöser.

Mit dem Ende des Ersten Weltkriegs kam die Pulverproduktion zum Erliegen. Die Fabrikanlagen wurden von der Reichsbahn übernommen, was das künftige Schicksal Kirchmösers mitbestimmen sollte. Zunächst wurden Lokomotiven repariert. Ab 1926 Reichsbahnausbesserungswerk, wurden auch Waggons überholt und, in großer Stückzahl, neue Loko-

Ehemalige Pulverfabrik in Kirchmöser

motiven hergestellt. Wohnungen für Mitarbeiter entstanden. Gleichwohl blieb die Gegend, der vielen Seen wegen, auch ein beliebtes Ausflugsziel.

1942 wurde das Lokomotivwerk geschlossen und in die Ukraine verlegt. Die Anlagen in Kirchmöser stellten nunmehr Panzer her, angefertigt von Kriegsgefangen und Fremdarbeitern.

Nach dem Kriegsende wurde das Werk demontiert und, als Reparationsleistung, in die Sowjetunion verbracht. In Kirchmöser unterhielt die Rote Armee einen Reparaturbetrieb für Panzer. In den 1950er Jahren eröffnete zusätzlich ein Betriebsteil des Stahl- und Walzwerkes Brandenburg, auch ein Reichsbahnausbesserungswerk gab es wieder.

Nach 1993 verschwand mit der Roten Armee die Panzerreparatur. Umstrukturierungen und Privatisierungen fanden statt, Schienenverkehr prägt Kirchmöser weiterhin.

Baugeschichtlich bemerkenswert ist die Siedlung Kirchmöser-Ost. 1928 entstanden hier 880 Wohnungen, zu denen ein hufeisenförmiges Ensemble direkt am Ufer des Möser Sees gehört. Es ähnelt der 1927 von Bruno Taut errichteten berühmten Siedlung in Berlin-Britz. Die Gliederung wechselt zwischen halböffentlichen und privaten Räumen, es gibt Innenhöfe und Durchgänge, dazwischen wächst Grün. Am Seeufer liegen Bootsstege. Der Gesamteindruck ist idyllisch und kleinstädtisch zugleich.

Hufeisenförmiger Teil der Werkssiedlung Kirchmöser

Die meisten Gebäude sind saniert. Die Siedlung steht unter Denkmalschutz.

Nicht nur in Kirchmöser-Ost, auch im benachbarten Plaue entstanden bemerkenswerte Architekturen.

GARTENSTADT Der britische Sozialreformer und Stadtplaner Ebenezer Howard entwickelte 1898, angeregt durch US-amerikanische Autoren wie Ralph Waldo Emerson und Edward Bellamy, den Plan zu einer Gartenstadt. Es war eine von zahlreichen sozialreformerischen Ideen im 19. Jahrhundert. Den Anstoß hier gaben die Wohnungsnot und die elenden hygienischen Verhältnisse, die in den Armenquartieren damaliger Großstädte herrschten.

Dies war Howards Idee: Rund um eine Zentralstadt sollte ein Ring kleinerer Gartensiedlungen entstehen, jeweils mit einem Park als Zentrum, alles verbunden durch radiale und das Zentrum kreuzende Wege.

Howards Pläne fanden nicht nur in Großbritannien Zustimmung, auch in Deutschland. Der Münchener Architekt Richard Riemerschmid entwarf als erste deutsche Gartenstadt Hellerau bei Dresden. In seinem Büro arbeitete der Elsässer Paul Schmitthenner, der später die Gartenstadt Plaue plante.

1915 begann er mit der Realisierung. Als Grundlage diente ihm das existierende Wegenetz, wichtig war ihm der Erhalt des Baumbestands, er erfand das Bild einer »bewohnten Stadtmauer«. Auf etwa gleichgroßen Grundstücken entstanden eingeschossige, zu Gruppen geordnete Einfamilienhäuser mit Nebengebäuden und Gartenparzellen. Die Ergebnisse seiner Arbeit haben sich fast unverändert erhalten. Auch dieses Architekturensemble steht unter Denkmalsschutz.

KIRCHMÖSER KOMPAKT

RE1 Richtung Magdeburg bis Bhf Kirchmöser

A2, Ausfahrt Wollin, dann über Grüningen, Wenzlow und Mahlenzien bis Kirchmöser

Naturbadestelle »Arke« am Möserschen See
Uferstr. 9a
14774 Brandenburg an der Havel

Strand Kirchmöser
Südufer des Plauer Sees

Strand an der Marge
Breitlingsee

Industrielehrpfad Kirchmöser (Große Rundtour)
Start und Ziel: Bahnhofsstr. 32, 14774 Kirchmöser
Vermittlung
STG Stadtmarketing- und Tourismusgesellschaft Brandenburg an der Havel mbH
Neustädtischer Markt 3
14776 Brandenburg an der Havel
Tel.: 03381 / 796 360

Wasserturm Kirchmöser
Bahntechnikerring 12
14774 Brandenburg an der Havel
Aufstieg auf den Wasserturm unter
Ortsteilverwaltung Plaue/ Kirchmöser
Unter den Platanen 2
14774 Brandenburg an der Havel
Tel.: 03381 / 800 110

Werkssiedlung Kirchmöser West
Brandenburger Allee 1–11
Drosselweg 7–11 a–c, 12 a–d, 13 a–c, 14 a–d, 15 a–d
Ebereschenstr. 1 a–b, 2–4, 5 a–b, 6–12, 13 a–b, 14, 15 a–b
Gartenstr. 1 a–b, 2 a–b, 3–9, 10 a–b
Marktplatz 1–29
Marktstr. 1 a–b, 2 a–b, 3 a–b, 4 a–b
Parkstr. 1–63, 63 a
Plauer Damm 1–6, 8, 10–19
Schulstr. 9 a–d, 11 a–d, 13, 15, 17 a–b, 21 a–b
Seestr. 1–11
Wusterwitzer Str. 1–37, 38 a–d, 39 a–b, 40–43, 44–46 a–b, 47–49
Zu der Siedlung gehören eine Kirche und eine Schule.

Floß Biberspur
14774 Brandenburg an der Havel
Nordring 1
Tel.: 0172 / 588 84 09
info@biberspur.com
www.biberspur.com

Hotel Residenz am See
Hauptstr. 91
14789 Wusterwitz
Tel.: 033839 / 719 26
info@hotel-wusterwitz.de
www.hotel-wusterwitz.de

Gasthaus Malge am See
Marina & Camping
Malge 1–2
14776 Brandenburg an der Havel
Tel.: 03381 / 798 96 91
info@malge.com
www.malge.com

Schöne Aussicht und Mösischer See, Runde ab Wusterwitz
Länge: 29,6 km
www.komoot.de/smarttour/20729587

Blick auf den Plauer See und Wusterwitz am See, Runde ab Brandenburg-Altstadt
Länge: 48,9 km
www.komoot.de/smarttour/11938445

Vergessener Weg und Dorfkirche Kirchmöser-Dorf, Runde ab Kirchmöser
Länge: 10,9 km
www.komoot.de/smarttour/771392

Kraftwerk und Verwaltung Pulverfabrik, Runde ab Kirchmöser
Länge: 10,6 km
www.komoot.de/smarttour/611132

PLAUE

Tierplastik im Schlosspark Plaue

Vorn der Eingang einer ehemaligen Pulverfabrik. Hinter zwei Torhäusern teilt sich die Straße und umschließt eine Verkehrsinsel, darauf ein Obelisk. Abschließend überquert eine Brücke die Havel. Am anderen Ufer biegt der Weg nach rechts ab in den Schlosspark Plaue.

Im 19. Jahrhundert wurde aus der ursprünglich barocken Anlage ein Landschaftsgarten. Unter prächtigen alten Bäumen führt der Weg am Havelufer entlang. Das dichte Grün gibt wiederholt den Blick frei auf den Plauer See, eines von vielen Havelgewässern. Eine Terrasse, 1860 errichtet, ist seit 1900 Tontaubenschießstand. An den Rändern stehen lebensgroße Tierplastiken: ein Bär und ein Markhor, das ist eine zentralasiatische Wildziege mit schraubenförmigen Hörnern. Beides soll an des ehemaligen Schlossherrn Jagdausflüge im Himalaya erinnern.

Dieser Schlossherr hieß von Koenigsmarck. Das alte märkische Adelsgeschlecht, dem er entstammte, ist nachweisbar seit dem Hochmittelalter. Überregional bekannt wurde es durch Hans Christoph, einen Feldherrn Schwedens im Dreißigjährigen Krieg, und durch dessen Enkelin Aurora, Geliebte Augusts des Starken und später Pröpstin des Stiftes Quedlinburg. Ihr und Augusts Sohn Moritz oder Maurice war ein erfolgreicher französischer Militär, und er war Urgroßvater der Schriftstellerin und Chopin-Geliebten George Sand.

Inmitten des Schlossparks liegt, von einer Mauer umschlossen, ein Friedhof. Den Eingang flankieren zwei sandsteinerne Engelsfiguren. Ein Angestellter ermöglicht einen kurzen Einblick in die eigentlich verschlossene Kirche. Der Bau aus dem frühen 13. Jahrhundert birgt, wiederentdeckt bei Restaurierungsarbeiten, seltene gotische Wandmalereien.

Schloss Plaue, eine dreiflügelige Barockarchitektur, entstand 1711 bis 1716. Vorangegangene Bauten wurden teilweise integriert; im Frühmittelalter gab es hier eine Slawenburg. Im letzten Krieg schwer beschädigt,

Schloss Plaue

verfiel das Gebäude, Plünderungen vernichteten die Innenausstattung. Bis 1993 diente es Ausbildungszwecken, heute ist es wieder Privatbesitz. Sanierungsarbeiten begannen. Das Schloss kann für Tagungen genutzt werden. Es gibt Gästezimmer und ein Restaurant.

PLAUE KOMPAKT

RE1 bis Kirchmöser, dann Bus E/525

A10, dann weiter auf A2 Richtung Magdeburg und Hannover, Ausfahrt Brandenburg auf B102, B102 folgen bis B1, B1 bis Plaue

Förderverein Schlosspark Plaue
Genthiner Str. 76
14774 Brandenburg an der Havel OT Plaue
Tel.: 03381 / 213 714
www.plauehavel.de

Unabhängiger Bürgerverein Plaue e. V.
Koenigsmarckstr. 22
14774 Brandenburg an der Havel OT Plaue
Tel.: 03381 / 402 959

Kirche Plaue
Kirchstr. 8
14774 Brandenburg an der Havel
Tel.: 03381 / 800 302

Schlosspark Plaue
https://www.plauehavel.de/sehenswertes/schlosspark-plaue

Plauer Fontaneweg
www.plauehavel.de/sehenswertes/plauer-fontaneweg

Architekturdenkmal Gartenstadt Plaue
Nördlich des Stadtzentrums
Lewaldstr. 1, 2a–23, 23a, 24, 25, 25b, 26–44, 46, 48, 50, Bredowstr. 1–2, Querstr. I 1–16, Querstr. II 1–20, 22, 24, Scheidtstr. 1–47, Triftstr. 1–16, Waldstr. 1–22 und Wasserwerkstr. 1–10

Fischereiausstellung in Plaue
Genthiner Str. 2
14774 Brandenburg an der Havel OT Plaue
Tel.: 03381 / 403 244

Baden
Strand am Wendseeufer

Camping- und Ferienpark am Plauer See
Plauer Landstr. 200
14774 Brandenburg OT Plaue
info@camping-plauersee.de
Tele.: 03381 / 804 544
www.camping-plauersee.de

Ferienwohnung Gartenstadt Plaue
Lewaldstr. 19A
14774 Brandenburg OT Plaue
www-gartenstadt-plaue.de/Startseite
Tel.: 03381 / 402 125
info@gartenstadt-plaue.de
www.gartenstadt-plaue.de

Havelfischerei + Hofladen Michael Betge
Margaretenhof 7
14774 Brandenburg an der Havel
Tel.: 0172 / 302 21 67
info@havelfischerei-betge.de
Reusen im Einsatz
Havelfischer
www.havelfischerei-betge.de

Bräuhaus Kneipe Pur
Lewaldstr. 23a
14774 Brandenburg an der Havel
info@kneipepur.de
Tel.: 03381 / 403 466
www.kneipepur.de

Schloss Plaue GmbH
Schloss Schänke Havelterassen, Gästehaus, Ferienwohnungen, Havelchalet (bewohnbares verankertes Floß)
14774 Brandenburg an der Havel
Tel.: 03381 / 306 23 62
info@schlossplaue.de
www.schlossplaue.de

Plaue Gartenstadt und Havelsee, Runde ab Pritzerbe
Länge: 28,2 km
www.komoot.de/smarttour/1235722

Blick auf den Plauer See und Wusterwitz am See, Runde ab Brandenburg-Altstadt
Länge: 48,9 km
www.komoot.de/smarttour/11938445

Schloss Plaue und Schlosspark Plauer Schloss, Runde ab Plaue
Länge: 3,12 km
www.komoot.de/smarttour/1144275409

Alte Plauer Brücke und Eisenbahn der Baureihe 52, Runde ab Kirchmöser West
Länge: 8,56 km
www.komoot.de/smarttour/1185133922

PRITZERBE

Pritzerbe ist eine der kleinsten und ältesten Städte in der Mark. Archäologische Funde belegen eine etwa 5000 Jahre alte Besiedlung. Fischerei, Handel und Schifffahrt prägten das Leben über die Jahrhunderte. In dem kleinen Hafen liegt das alte Schiff »Ilse-Lucie«.

Die an einer Kette geführte Fähre setzt über nach Kützkow. Von dort aus führt der Weg zwischen Bäumen und Feldern nach Bahnitz. Das Straßendorf hat Deutschlands vermutlich kleinste Kirche – ein unansehnliches Gebilde, in dem immer noch Gottesdienste stattfinden.

Im Hafen von Pritzerbe

PRITZERBE KOMPAKT

R4 bis Bhf Rathenow oder R1 nach Brandenburg, dann jeweils RB51 nach Bhf Pritzerbe

B5, hinter Berge abbiegen auf L99

Pritzerber Rohrweberei und Schilferlebnissteg Pritzerbe
Marzahner Chaussee 6
14798 Havelsee OT Pritzerbe
Tel.: 033834 / 502 36
www.rohrweberei.de

Heimatmuseum »Milchhalle« Pritzerbe
Puschkinstr. 8
14798 Havelsee OT Pritzerbe
Tel.: 0152 / 263 500 50

Museumsschiff »Ilse Lucie«
Pritzerber Schifffahrtsverein 1776 e.V.
Tel.: 0171 / 691 56 36
www.sfv.pritzerbe.de

2Wave – Wellenreiten,
Foilsurfing & Foil pumping
Havelstr. 24
14798 Havelsee OT Pritzerbe
Tel.: 0177 / 768 16 38
surfen@2wave.de
www.2wave.de

Havelfähre (Pritzerbe–Kützkow)
Havelstr.
Fahrpläne
www.havelsee.de/fahrplaene

Schiffsfahrten
NORDSTERN Reederei e. K.
Plauer Str. 7
14770 Brandenburg an der Havel
Tel.: 03381 / 226 960
info@nordstern-reederei.de
www.nordstern-reederei.de

Reederei Röding
August-Bebel-Str. 23–27
14770 Brandenburg (Havel)
Tel.: 03381 / 795 48 48 oder 0173 / 865 61 46
info@fgs-havelfee.de
www.fgs-havelfee.de

Ferienanlage Pritzerbe
Vor dem Kietz 8a
14798 Havelsee
Tel.: 033834 / 401 988
kontakt@ferienanlage-pritzerbe.de
www.ferienanlage-pritzerbe.de

Funboot Havelsee
Vor dem Kietz 8a
14798 Havelsee OT Pritzerbe
Tel.: 033834 / 502 30
funboot-havelsee@pritzerbe.de
www.funboot-havelsee.de

Naturcampingplatz Hohenferchesar
Seeweg 1
14798 Havelsee OT Hohenferchesar
Tel.: 0162 / 914 46 91
www.hohenferchesar.com/verzeichnis/visitenkarte.php?mandat=61140

Fähre Kützkow‹–›Pritzerbe–Havelsee,
Runde ab Pritzerbe
Länge: 27,5 km
www.komoot.de/smarttour/73859

Blick auf den Plauer See und Wusterwitz am See, Runde ab Pritzerbe
Länge: 44,4 km
www.komoot.de/smarttour/20753085

Dorfkirche Pritzerbe und Fähre Pritzerbe,
Runde ab Pritzerbe
Länge: 9,69 km
www.komoot.de/smarttour/614465

Gallberg (68,2 m) und Dorfkirche Pritzerbe, Runde ab Pritzerbe
Länge: 13,4 km
www.komoot.de/smarttour/5056100

Gasthof am Kreuzdamm
Puschkinstraße 8
14798 Havelsee
Tel.: 033834 / 50235
info@am-kreuzdamm.de
www.am-kreuzdamm.de

MILOW

Der Ortsname Milow ist wendischen Ursprungs und bedeutet so viel wie Lieblingsort. Hier, am Zusammenfluss von Havel und Stremme, fand sich ein prähistorisches Hügelgräberfeld. Im Kern des Straßendorfs steht eine hübsche Fachwerkkirche. Das ehemalige Rittergut beherbergt eine Seniorenresidenz und ein Naturparkzentrum. An einer weißgetünchten Villa findet sich die Aufschrift JH Carl Bolle.

Carl Andreas Julius Bolle

BIMMEL-BOLLE Der Mann kam hier als eines von sechs Kindern eines Steinhändlers zur Welt. Als er vier Jahre alt war, ertrank der Vater in der Havel, kurz darauf starb die Mutter. Der Vollwaise verließ nach der sechsten Klasse die Schule, durchlief in Rathenow eine Mauererlehre und ging danach auf Wanderschaft. Meister geworden, eröffnete er ein Baugeschäft. Er lieh sich Geld und kaufte Grundstücke am Berliner Lützowufer, auf die er Mietshäuser stellte. Er betrieb einen Natureishandel, eine Obstplantage, eine Baumschule, eine Konservenfabrik, einen Seefischhandel. Nicht alles war erfolgreich.

Mit 30 Milchkühen begann er schließlich einen Milchausschank. Die Geschäftsidee erwies sich als genial. Bald fuhren 250 Wagen durch Berlin und lieferten frische Molkereiprodukte, ihre Anwesenheit wurde mit dem Bimmeln einer Glocke angezeigt. Das Unternehmen expandierte. Aus dem Milchausschank wurde die Provincial-Meierei C. Bolle. Ihre Milch bezog sie aus dem Berliner Umland. Bald beschäftigte sie 2000 Angestellte.

Logo der Meierei C. Bolle

Carl Bolle zeigte soziales Engagement. Er förderte die Berufsausbildung von Frauen und führte die Müttererholung ein.

1882 ließ er sich in seinem Geburtsort Milow eine Villa als Sommersitz errichten. 1891 machte er sie zu einem Erholungsheim für die Kinder seiner Beschäftigten. Der Gründerzeitbau wurde restauriert und ist heute eine Jugendherberge.

Ortskern von Milow

MILOW KOMPAKT

R4 Bhf Rathenow, dann Bus 679 bis Milow Schule

B5, ab Briesen B188, dann L96
oder A2, Ausfahrt Brandenburg, dann B102 über Brandenburg, Premnitz, Milow

Gemeinde Milower Land
Friedensstr. 86
14715 Milower Land
Tel.: 03386 / 270 90
gemeinde@milowerland.de
www.milow.de

Landwirtschaftsmuseum Milow
Historische Landmaschinen und Geräte
Neudessauer Str. 39
14715 Milower Land OT Milow
Tel.: 03386 / 281 407

Besucherzentrum des Naturparks Westhavelland Milow
Stremmestr. 10
14715 Milower Land
Tel.: 03386 / 211 227
npz@nabu-westhavelland.de
www.nabu-westhavelland.de/naturpark-zentrum-westhavelland

DJH Jugendherberge Milow–Carl Bolle
Friedensstr. 21
14715 Milower Land
Tel.: 03386 / 280 361
jh-milow@jugendherberge.de
www.jugendherberge.de/jugendherbergen/milow-carl-bolle

Gasthof Milow – Restaurant & Pension
Stremmestr. 9
14715 Milower Land OT Milow
Tel.: 03386 / 210 145
kontakt@gasthof-milow.com
www.gasthof-milow.com

Kanuvermietung Havelland
Bahnhofstr. 38
14715 Milow
Tel.: 0172 / 565 57 10
info@das-havel-kanu.de
www.das-havel-kanu.de

Badestelle am Kanurastplatz
Friedenstr.
14715 Milower Land OT Milow

Havelblick und Radweg durch Wiesen und Felder, Runde ab Großwudicke
Länge: 40,5 km
www.komoot.de/smarttour/19466956

Gasthof Milow und Naturbadestelle Milow, Runde ab Milow
Länge: 9,19 km
www.komoot.de/smarttour/6677026

Aussicht vom Milower Berg und Milower Berg, Runde ab Milow
Länge: 11,4 km
www.komoot.de/smarttour/612674

Kunstverein Bahnitz und Biwakplatz Bahnitz, Runde ab Bahnitz
Länge: 7,11 km
www.komoot.de/smarttour/14560117

PREMNITZ

Industrieschornsteine von Chemieanlagen bestimmen die Silhouette von Premnitz. Anfang des letzten Jahrhunderts lebten in dem verschlafenen Ort gerade 600 Einwohner. Das änderte sich 1915, als die chemische Industrie Einzug hielt.

WEISSES GOLD Die ersten Produkte waren militärischer Art: Pulver und Schießbaumwolle. Nach dem Ersten Weltkrieg wurde umgestellt auf Kunstseide. Mit der Entwicklung von Vistra gelang die weltweit erste Kunstfaser, etwas prahlerisch auch »Weißes Gold« genannt. Inzwischen gehörte das Werk in Premnitz zur IG Farben. Die Kunstfaserforschung ging weiter, Anfang der 1930er Jahre begann die Herstellung von Suprema, einer Kunstseide speziell geeignet für die Produktion von Damenstrümpfen. Während des Zweiten Weltkrieges wurden 1200 Zwangsarbeiter beschäftigt, woran Mahnmale erinnern.

Marke der Kunstfaser Vistra

Zu DDR-Zeiten war das Chemiewerk ein Volkseigener Betrieb. Wohnquartiere für Arbeitskräfte entstanden, überwiegend als Plattenbauten. Das Werk entwickelte weitere Kunstfasern: Wolpryla und vor allem Dederon, das Nylon der DDR. 1962 wurde Premnitz Stadt. 1990 brach hier, wie anderswo in den neuen Bundesländern, die Produktion ein. Die Arbeitslosigkeit wuchs. Menschen zogen fort. Premnitz wirkt heute etwas trübselig, allen Förderungsmaßnahmen zum Trotz.

PREMNITZ KOMPAKT

R1 Brandenburg Bhf oder R4 nach Bhf Rathenow, dann jeweils RB51 nach Bhf Premnitz

A2 bis Ausfahrt Brandenburg, auf B102 über Brandenburg bis Premnitz

Stadt Premnitz
Gerhart-Hauptmann-Str. 3
14727 Premnitz
Tel.: 03386 / 25 90
stadt@premnitz.de
www.premnitz.de

Lucke-Hof
Ferienunterkunft
Förderverein Lucke-Hof e. V.
Alte Hauptstr. 35
14727 Premnitz
Tel.: 03386 / 287 81 32
www.luckehof.de

Gasthaus Retorte
Milower Str. 1
14727 Premnitz
Tel.: 03386 / 200 173
info@gasthaus-retorte.de
www.gasthaus-retorte.de

Naturbad Premnitz
Bergstr. 81c
14727 Premnitz
Tel.: 03386 / 212 790
info@naturbad-premnitz.de
www.naturbad-premnitz.de

Naturbadestelle Premnitz
nahe Uferstr. an der Havel

Rathenower Stadtkanal und Leuchtturm Rathenow, Runde ab Premnitz-Nord
Länge: 31,2 km
www.komoot.de/smarttour/10054456

Blick auf den Plauer See und Elbe-Havel-Kanal, Runde ab Premnitz-Nord
Länge: 51 km
www.komoot.de/smarttour/16645984

Premnitzer See, Runde ab Mögelin
Länge: 9,45 km
www.komoot.de/smarttour/5055512

Weinbergbrücke und Brachymedial-Fernrohr, Runde ab Mögelin
Länge: 26,9 km
www.komoot.de/smarttour/3618611

Rathenower Schleusenspucker am Alten Hafen

RATHENOW

Denkmal für den Kurfürsten Friedrich Wilhelm

Knappe 25.000 Einwohner zählend, ist Rathenow Kreisstadt des gleichnamigen Landkreises. Man kennt es als eine Wiege der optischen Industrie. Bedeutsam war auch die örtliche Ziegelproduktion.

Inseln und eine Furt begünstigten die frühe Besiedlung. Das heutige Stadtgelände kannte gleich mehrere slawische Burgwälle, von denen einer, Alt Rathenow in Streckelsdorf, als Keimzelle der heutigen Stadt gilt. Auf einer Urkunde, aufbewahrt im Domarchiv Brandenburg, findet sich die erste Erwähnung Rathenows aus dem Jahre 1216.

Auf dem Kirchberg stand ein Vorgängerbau der heutigen Sankt Marien-Andreas Kirche. Im Mittelalter kam es zu Raubüberfällen und Bränden. Nach den Verwüstungen im Dreißigjährigen Krieg gab es gerade noch 40 Einwohner.

1675 fiel die Schwedische Armee in Brandenburg ein. Die Truppen des Großen Kurfürsten schlugen sie aus Rathenow zurück, in der Schlacht bei Fehrbellin unterlag sie dann endgültig.

Hugenotten siedelten sich an. Eine Garnison zog ein, für sie ließ der Große Kurfürst einen neuen Stadtteil errichten. Ein barockes Sandsteindenkmal, geschaffen von dem Bildhauer Johann Georg Glume, steht auf dem Schleusenplatz in dieser Neustadt und erinnert an die Taten des Monarchen.

NEUERUNGEN EINES THEOLOGEN 1767 wurde der Pfarrerssohn Johann August Heinrich Duncker geboren. Er studierte in Halle Theologie, hörte nebenher Vorlesungen zur Physik und begann, sich für Optik zu interessieren. Er lernte den Glasschliff kennen. Bis dahin waren optische Gläser im Gussverfahren hergestellt worden, die Resultate waren nicht sonderlich präzise. Zurückgekehrt nach Rathenow, wo er in der Kirchgemein-

Bronzebüste *Johann August Heinrich Duncker, 1885*

de als Gehilfe seines Vaters tätig war, erfand er eine handgetriebene Schleifmaschine, mit der gleichzeitig elf Gläser bearbeitet werden konnten. Außer den geringeren Kosten und den deswegen niedrigeren Preisen, die solches Verfahren erbrachte, war auch eine genauere Sehschärfenkorrektur der Gläser gegeben.

In den Stallräumen des Pfarrhauses richtete Duncker eine erste Werkstatt ein. 1801 erhielt er für seine Vielschleifmaschine ein königliches Patent, außerdem das Privileg, eine optische Industrieanstalt zu errichten. Er betrieb sie zusammen mit Samuel Christoph Wagener, dem Leiter einer Garnisonschule. Als erste Arbeiter wurden invalide Soldaten und Waisenkinder eingestellt. Duncker leitete die technischen Abläufe im Werk, Wagner kümmerte sich um den Verkauf.

Dunckers Sohn Eduard, dann vor allem sein Neffe Emil Busch führten die Industrie-Anstalt mit großem Erfolg weiter. Ab 1845 produzierte Busch außer Linsen noch Objektive und fotografische Apparate. Er verwandelte das Unternehmen in eine Aktiengesellschaft.

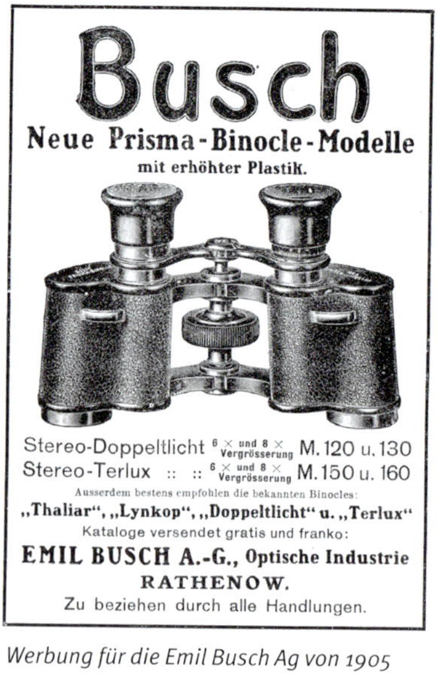

Werbung für die Emil Busch Ag von 1905

Während der Hitler-Zeit unterhielt die Emil Busch AG sechs Lager für rund 1600 Zwangsarbeiter. Produziert wurde für die Rüstungsindustrie. Nach 1945 enteignet, gehörte der Betrieb ab 1966 zum Kombinat Carl Zeiss Jena. Nach 1990 erhielten die Optischen Werke ihre geschäftliche Unabhängigkeit zurück. Viele der Beschäftigten freilich verloren ihre Arbeit, überalterte Produktionsstätten mussten abgerissen werden. Heute stellen die Firmen am Standort Rathenow Artikel für die Mikroskoptechnik und für die Augenoptik her. Ein Museum erzählt die Geschichte der optischen Industrie in der Stadt.

Geburtshaus Dunckers

ROTE RATHENOWER Manche Straßen Rathenows verdanken ihren Namen der Ziegelindustrie. Backsteine wurden seit dem Mittelalter am Stadthof nahe dem alten Zentrum gebrannt, zur Mitte des 19. Jahrhunderts erlebte der Industriezweig seine Hochkonjunktur. Zwischen Rathenow und Havelberg existierten etwa 50 Betriebe. Durch den eisenhaltigen und fast kalkfreien Rohstoff erwies sich die Qualität der Steine als besonders gut. Die »Roten Rathenower«, so der Name, waren besonders für Sichtmauerwerk oder als Verblendung geeignet.

Ab 1820 erhielten die Ziegel-Rohlinge vor dem Brand einen Stempel mit Herkunftsmarke. Rathenower Ziegel wurden unter anderem in Sanssouci verbaut, in Potsdams Holländischem Viertel und im Berliner Roten Rathaus. Die Tonvorkommen nahe Rathenow waren in den 1920er Jahren erschöpft, die örtlichen Ziegeleien mussten schließen. In Herrenlanke, an einem toten Havelarm im Süden der Stadt, haben sich die Ruinen einer Brennerei erhalten.

Das alte Pfarrhaus, in dem Duncker mit den Arbeiten seiner optischen Werkstatt begann, steht auf dem Kirchberg, der sich auf der von vier Havelarmen umschlossenen Altstadtinsel erhebt. Das Pfarrhaus zeigt auf das Westportal der Kirche Sankt Marien und Andreas, die, zusammen mit benachbarten Fachwerkhäusern aus dem 16. Jahrhundert, die älteste

Bismarckturm in Rathenow

erhaltene Bausubstanz Rathenows darstellt. Vom Kirchberg führt eine Brücke zum alten Hafen am Rande der Neustadt. Dort führt der Weg zum Weinberg, auf dessen Gipfel, inmitten eines für die Bundesgartenschau 2015 neugestalteten Parks, ein aus roten Ziegeln gemauertes Denkmal steht.

BISMARCK Er war einer der umstrittensten deutschen Politiker. Geboren wurde Otto von Bismarck in Schönhausen an der Elbe, sein Vater entstammte dem altmärkischen Landadel, seine Mutter war von bürgerlicher Herkunft.

Nach seinem Schulabschluss am Gymnasium zum Grauen Kloster in Berlin studierte er in Göttingen und Berlin Rechtswissenschaften. Kurz war er tätig bei Gericht und in Verwaltungsbehörden, er absolvierte seinen Militärdienst und wurde dann Landwirt. Er heiratete. Er gründete eine Familie. Und er begann, sich politisch zu engagieren. Während der Revolution von 1848 stand er als überzeugter Monarchist auf der Seite von Preußenkönig Friedrich Wilhelm IV. 1849 wählten ihn die Rathenower in den preußischen Landtag, wo er zum konservativen Flügel zählte. Hier entschloss er sich, ausschließlich politischen Interessen nachzugehen.

Otto von Bismarck, 1886

Bismarck wurde Diplomat, preußischer Ministerpräsident und schließlich, nach der von ihm maßgeblich betriebenen Reichseinigung, deutscher Kanzler. Sein Name steht für Sozialreformen, für den Kulturkampf wider die katholische Kirche und für das Verbot der Sozialdemokratie. Er war ein erfolgreicher Außenpolitiker. Seine Demission besorgte Kaiser Wilhelm II., mit dem er sich nicht verstand.

Zu seinem 100. Geburtstag 1914 weihte man ihm zu Ehren auf dem Rathenower Weinberg einen Turm ein, als eines von vielen Bismarck-Denkmälern. Weltweit existieren deren noch etwa 240, davon 150 in Deutschland. Neben Wladimir Iljitsch Lenin dürfte er der am meisten mit Monumenten ausgestattete Politiker sein.

Brachymedial-Fernrohr im Optikpark

INNENSTADT Eine eindrucksvolle Brücke überspannt zwei Havelarme und verbindet den Weinberg mit dem im Jahre 2007 eröffneten Optikpark Rathenow. Verschiedene Stationen widmen sich dort optischen Phänomenen. Der Park besitzt seit 2009, als technisches Denkmal, ein riesiges Brachymedial-Fernrohr.

Weinbergbrücke. Verbindung zwischen Weinberg und Optikpark in Rathenow

Restauriertes Fachwerkhaus in der Altstadt

Gegen Ende des Weltkriegs zerstörten Luftangriffe große Teile von Rathenows Innenstadt. 1946 begann der Wiederaufbau, dessen Leitung der Architekt Otto Haesler innehatte, ein Vertreter des Neuen Bauens. Bereits in den 1920er Jahren hatte er hier eine Wohnsiedlung errichtet, die von Luftangriffen verschont blieb.

Vorbei an Nachkriegsbauten und an einem von Feierabendverkehr heimgesuchten Kreisverkehr führt der Weg zum Bahnhof. Auf dem Vorplatz ehrt die Stadt ihren Sohn Johann Heinrich Duncker mit einer Bronzebüste.

RATHENOW KOMPAKT

RE4, RB51

A19, A24, weiter auf B5, B188
A2, weiter auf B102
A10, weiter auf B5, B188
A14, weiter auf B189, B188

Stadt Rathenow
Berliner Str. 15
14712 Rathenow
Tel.: 03385 / 59 60
poststelle@stadt-rathenow.de
www.rathenow.de

Tourismusverein Westhavelland e. V.
Freier Hof 5
14712 Rathenow
Tel.: 03385 / 514 991
tv@westhavelland.de
www.westhavelland.de

Optik Industrie Museum Rathenow
im Kulturzentrum Rathenow GmbH
Märkischer Platz 3
14712 Rathenow
Tel.: 03385 / 519 040
info@optik-ausstellung-rathenow.de
www.oimr.de

Zum Alten Hafen
Restaurant, Pension
Am Alten Hafen 1
14712 Rathenow
Tel.: 03385 / 499 27 27
kontakt@zum-alten-hafen.de
www.zum-alten-hafen.de

Zur alten Schmiede
Restaurant
Vor dem Haveltor
14712 Rathenow
Tel.: 03385 / 499 38 70
schmiede@gastro-rathenow.de

Hotel SONN'IDYLL
Saunalandschaft
Semliner Str. 19–21
14712 Rathenow
Tel.: 03385 / 619 98 20
info@sonnidyll.de
www.sonnidyll.de

Optikpark Rathenow
Schwedendamm 1
14712 Rathenow
Tel.: 03385 / 498 50
kontakt@optikpark-rathenow.de
www.optikpark-rathenow.de

Bresi-SUP
SUP- und Kanu-Verleih
Milower Landstr. 7b
14712 Rathenow
Tel.: 03385 / 582 11 17
info@bresi-store.de
hwww.bresi-sup.de

Steckelsdorfer See am Campingplatz Rathenow
Hauptstr. 72
14712 Rathenow OT Steckelsdorf
Tel.: 03385 / 499 510 oder 03385 / 499 511
info@campingplatz-rathenow.de
www.campingplatz-rathenow.de

Schwimmhalle Rathenow
Bruno-Baum-Ring 106
14712 Rathenow
Tel.: 03385 / 509 933

Hohennauener-Ferchesarer See
Rathenow OT Semlin, die Dorfstraße hinunter bis zum See, am Seeufer rechts zur Badestelle Bauerndeich

Sämling Golf ResortWandern Rathenow
Ferchesarer Str. 8b
14712 Rathenow OT Semlin
Tel.: 03385 / 55 40 oder 03385 / 554 474
info@golfresort-semlin.de
www.golfresort-semlin.de

Havel und Havel-Radweg, Runde ab Rathenow
Länge: 68,9 km
www.komoot.de/smarttour/5058747

Stechow-Rathenow und Badestelle Semlin, Runde ab Rathenow
Länge: 26,9 km
www.komoot.de/smarttour/19461042

Weinbergbrücke und Brachymedial-Fernrohr, Runde ab Rathenow
Länge: 8,66 km
www.komoot.de/smarttour/1035074

Weinbergbrücke und Schleusenspucker-Denkmal, Runde ab Rathenow West
Länge: 5,6 km
www.komoot.de/smarttour/17339388

Altstadt auf der Dominsel in Brandenburg

BRANDENBURG

URSPRUNG Der Name ist alt. Er kommt bereits in einer Urkunde des 10. Jahrhunderts vor und benennt dort einen Bischofssitz. Es wird vermutet, dass die erste Worthälfte auf das slawische Wort brenda zurückgeht, das Morast bedeutet.

Die Heveller, ein westslawischer Stamm, setzten auf die Havelinsel eine Burg. Eine christliche Eroberung war nicht von Dauer. In den auffolgenden drei Jahrhunderten wechselte die Hoheit mehrfach zwischen Wenden, Deutschen und Polen.

Mitte des 12. Jahrhunderts ließ sich der Hevellerfürst Pribislaw taufen und nahm einen deutschen Namen an. Das Christentum war damit endgültig durchgesetzt. Pribislaw-Heinrich regierte von einer Burg auf der heutigen Dominsel, auf ihn gehen auch die Anfänge der Brandenburger Altstadt zurück. Wie so oft bei hochmittelalterlichen Siedlungen gründete sich nahebei eine Neustadt. Die beiden Niederlassungen gleichen Namens existierten unabhängig voneinander über mehrere Jahrhunderte.

KLOSTERGÜNDUNG Innerhalb des heutigen Stadtgebiets verzweigt sich die Havel. Sie bildet Seitenarme und Kanäle, es gibt mehrere Inseln und zehn natürliche Seen. Der Marienberg war frühzeitig die Kreuzung wichtiger Handelsrouten. 1147 siedelten hier Prämonstratenser, 1165 wurde mit dem Dombau begonnen, 1234 gründeten in der Altstadt Franziskaner ein Kloster. In der Altwie der Neustadt lebten Juden. Als Zeichen der Stadtfreiheit stand auf dem Neustädtischen Markt eine Rolandsfigur. Bis zum Jahr 1518 gehörte Brandenburg der Hanse an. Der Dreißigjährige Krieg brachte wie im übrigen Land so auch hier erhebliche Verwüstungen, von denen sich die Stadt, recht besehen, erst im 19. Jahrhundert gänzlich erholte.

Rolandsfigur am Alten Rathaus

ehemalige Brennaborhöfe

INDUSTRIALISIERUNG Nach 1870 begann die Industrialisierung. Die 1871 gegründeten Brennabor-Werke produzierten Fahrräder, Kinderwägen und Automobile. Eine Schiffswerft, eine Eisengießerei, Fabriken für Blechspielwaren, Textilien und Möbel, ein Stahl- und Walzwerk nahmen den Betrieb auf. Die Zahl der Einwohner wuchs.

Während der Nazijahre produzierten die Fabriken vornehmlich für die Rüstung. 1934 entstand in Brandenburg eines der ersten deutschen Konzentrationslager. Das Zuchthaus Brandenburg-Görden war eine berüchtigte Haftanstalt, in der, unter anderen, Erich Honecker und Robert Havemann einsaßen. Die psychiatrische Landesanstalt Görden betrieb die Vernichtung dessen, was die damaligen Machthaber »unwertes Leben« nannten.

Während des Zweiten Weltkriegs brachten Luftangriffe schwere Zerstörungen. Nach dem Kriegsende demontierten die Sowjets viele der Industrieanlagen. In den 1950er Jahren entstanden das Stahl- und Walzwerk sowie Reichsbahn-Betriebe, nach 1989/90 musste einiges davon zurückgefahren oder geschlossen werden. Eine Technische und eine Medizinische Hochschule gründeten sich.

DOMINSEL Zentrum der Altstadt ist die Dominsel. Gegenüber anderen backsteingotischen Großkirchen wirkt der Brandenburger Dom vergleichsweise niedrig, wobei sich seine Architektur als recht vielgliedrig erweist: Es gibt verschiedene Kapellen und einen äußeren Kreuzgang. Der spätromanische Stil hat sich in der Krypta erhalten. Der gotische Umbau setzte um 1300 ein. Sein Ende fiel zusammen mit der Reformation, die auch das Ende des römisch-katholischen Bistums Brandenburg brachte, der Dom wurde evangelisches Gotteshaus. Karl Friedrich Schinkel nahm ab 1836 erste notwendig gewordene Restaurierungs- und Sicherungsarbeiten vor, sie waren ein frühes Beispiel für denkmalspflegerische Maßnahmen in der Mark Brandenburg.

Um den Dom gruppieren sich Gebäude aus mehreren Jahrhunderten, darunter die Ritterakademie. Im 18. Jahrhundert eingerichtet, formte sie pädagogisch bis ins 20. Jahrhundert die Söhne des preußischen Adels. Bei ihren Alumnen finden sich Adelsnamen wie Bülow, Arnim, Alvensleben, Manteuffel, Hardenberg, Zitzewitz, Schulenburg und Tresckow.

Dom Sankt Peter und Paul

Einer der Dompröbste war Henry oder Heinrich de la Motte-Fouqué. Der Spross einer normannischen Adelsfamilie machte Karriere am preußischen Königshof. Sein Enkel mit Vornamen Friedrich wurde in Brandenburg an der Havel geboren und wuchs hier auf. Der Autor populärromantischer Erzählungen und Romane lebte später in Nennhausen bei Rathenow.

Fußgängerbrücke über den Domstreng, hinten die Ritterakademie

Rathenower Torturm

Auf dem Gelände der einstigen Brennabor-Werke gegenüber vom Bahnhof nahmen medizinische Einrichtungen und Gastronomie ihren Sitz. Das Quartier wie auch viele der Innenstadtstraßen sind saniert und heute begehrte Wohnviertel.

Ein Stadtspaziergang führt vorbei an historisch bedeutsamen Architekturen wie dem Steintorturm, dem Rathenower Torturm, verschiedenen alten Bürgerhäusern, dem eindrucksvollen backsteingotischen Alten Rathaus mit der Rolandsfigur und dem Paulikloster. In Letzterem befindet sich das Archäologische Landesmuseum. Andere interessante Ausstellungsstätten sind das an zwei Adressen untergebrachte Stadtmuseum, das Industriemuseum im aufgelassenen

Havelufer

Stahlwerk und der Museumshafen an der Havel. Unterwegs trifft man immer wieder auf sonderbare Skulpturen.

Loriot (Vicco von Bülow)

LORIOT Der bekannteste Sohn Brandenburgs aus jüngerer Zeit war der Cartoonist und Komödiant Loriot.
Sein eigentlicher Name lautet Bernhard-Viktor Christoph-Carl oder, abgekürzt, Vicco von Bülow und wurde 1923 in Brandenburg geboren, als Sohn eines Polizeileutnants. Das Geschlecht der Bülows stammt aus Nordwestmecklenburg. Bülow ist ein anderer Name für den Vogel Pirol, der im Französischen Loriot heißt. Vicco von Bülow benutzte das Wort später als sein Pseudonym.

Die Familie zog nach Berlin und später nach Stuttgart. Vicco, der Familientradition folgend, begann nach seinem Notabitur eine Offizierslaufbahn. Er nahm am Zweiten Weltkrieg teil, was er immer wieder als seine persönliche Schmach ansah. Nach dem Kriegsende studierte er an

Paulikloster

Steintorturm

der Landeskunstschule Hamburg und arbeitete zunächst als Werbegrafiker. 1950 wurde er Freiberufler.

Er zeichnete Cartoons und Karikaturen, die er in Zeitschriften veröffentlichte. Er wurde rasch sehr bekannt. Sein Markenzeichen waren menschliche Figuren mit Knollennasen, in absurd und grotesk gestalteten Szenen karikierte er das Alltagsleben der bürgerlichen Familie. »Auf den Hund gekommen« versammelt 44 Zeichnungen, in denen Doggen und Menschen ihre Rollen wechseln. Es ist Loriots erste von mehreren Buchveröffentlichungen.

Er betätigte sich außerdem in anderen künstlerischen Genres. Bereits als Schüler war Loriot Statist in Oper- und Schauspielproduktionen gewesen und hatte kleine Filmrollen übernommen. Ab 1967 trat er im Fernsehen auf, als Kommentator, auch als Darsteller in selbst verfassten Sketchen. Dies machte ihn besonders populär. Für zwei Spielfilme schrieb er die Drehbücher, übernahm die Hauptrollen und führte Regie. Ebenso inszenierte er für das Musiktheater.

Gelebt hat Loriot zuletzt am Starnberger See, wo er 2011 starb. Seiner Geburtsstadt hat er eine Stiftung zukommen lassen, die, wie auch eine örtliche Schule, seinen Namen trägt: Vicco von Bülow. Als sich Brandenburg entschloss, ihm ein Denkmal zu setzen, lobte der städtische Kul-

Waldmops

turverein einen offenen Wettbewerb aus. Gewonnen hat ihn die damals 23-jährige Architektur-Studentin Clara Walter mit ihrem Entwurf für den wilden Waldmops. Diese Kunstfigur ist eine Erfindung Loriots: ein wild lebender Mopshund mit Elchgeweih, im Norden Skandinaviens beheimatet und vom Aussterben bedroht. Loriot schätzte Möpse. Er sagte: »Ein Leben ohne Mops ist möglich, aber sinnlos.«

Die Stadt zeigt inzwischen auf vier sogenannten Mopsarealen 26 Bronzen, jede etwa 50 Zentimeter hoch und in verschiedenen Haltungen: sitzend, liegend, stehend, schnüffelnd oder pinkelnd.

BRANDENBURG KOMPAKT

R1, RB51

A2, Ausfahrt Brandenburg,
dann B102

Stadt Brandenburg an der Havel
Klosterstr. 14
14770 Brandenburg an der Havel
Tel.: 03381 / 580
info@stadt-brandenburg.de
www.stadt-brandenburg.de

Stadtmarketing- und Tourismusgesellschaft Brandenburg an der Havel
Neustädtischer Markt 3
14776 Brandenburg an der Havel
Tel.: 03381 / 796 360
touristinfo@stg-brandenburg.de
www.erlebnis-brandenburg.de

Dommuseum
Burghof 10
14776 Brandenburg an der Havel
Tel.: 03381 / 211 22 23
info@dom-brandenburg.de
www.dom-brandenburg.de

Archäologisches Landesmuseum Brandenburg
St. Pauliklöster
Neustädtische Heidestr. 28
14776 Brandenburg an der Havel
Tel.: 03381 / 410 41 12
info@landesmuseum.brandenburg.de
www.landesmuseum-brandenburg.de

Industriemuseum
August-Sonntag-Str. 5
14770 Brandenburg an der Havel
Tel.: 03381 / 304 646
kontakt@industriemuseum-brb.de
www.industriemuseum-brandenburg.de

Altstädtisches Rathaus und Roland
Altstädtischer Markt 10
14770 Brandenburg an der Havel

Stadtmauer und Stadttore:
Plauer Torturm, Rathenower Torturm, Steintorturm

Stadtmuseum Brandenburg an der Havel
Johanniskirchplatz 4
14770 Brandenburg an der Havel
Tel.: 03381 / 584 501
museum@stadt-brandenburg.de

Frey-Haus
Ritterstr. 96
14770 Brandenburg an der Havel

Gotisches Haus
Dauerausstellung im historischen Keller
Alchemie und Alltag
Barocke Funde aus dem Gotischen Haus in Brandenburg an der Havel
Kontakt: Stadt Brandenburg an der Havel, Kulturbüro
Johanniskirchplatz 4
14770 Brandenburg an der Havel
Tel.: 03381 / 587 070

Psychiatriemuseum
Asklepios Fachklinikum Brandenburg
Anton-Saefkow-Allee 2
14772 Brandenburg
Haus 23
Tel.: 03381 / 780
m.mickan@asklepios.com
www.stadt-brandenburg.de (Psychiatriemuseum)

Slawendorf
Neuendorfer Str. 89c
14770 Brandenburg an der Havel
Tel.: 03381 / 208 740 80
kontakt@slawendorf-brandenburg.de
www.bas-brandenburg.de

Historischer Hafen
Hauptstr. 77
14776 Brandenburg an der Havel
Tel.: 0157 / 386 984 95
vorstand@hhb-ev.de
www.historischer-hafen-brandenburg.de

Hotel am Molkenmarkt
Molkenmarkt 29/30
14776 Brandenburg an der Havel
Tel.: 03381 / 331 98 98

empfang@hotel-am-molkenmarkt.de
www.hotel-am-molkenmarkt.de

Altstadt-Ferienwohnung
Mühlentorstr. 40
14770 Brandenburg an der Havel
Tel.: 0173 / 240 91 05
k.struebig@web.de
buchung@altstadt-ferienwohnung.com

Camping- und Ferienpark Plauer See
Plauer Landstr. 200
14774 Brandenburg an der Havel
Tel.: 03381 / 804 544
info@camping-plauersee.de
www.camping-plauersee.de

An der Dominsel – Restaurant und Weinhandel
Neustädtische Fischerstr. 14
14776 Brandenburg an der Havel
Tel.: 03381 / 891 807
info@restaurant-dominsel.de
www.restaurant-dominsel.de

Genussmanufaktur Brandenburg – Café
Molkenmarkt 31
14776 Brandenburg an der Havel
Tel.: 03381 / 346 92 58
genussmanufaktur@hotmail.com

Restaurant Buhnenhaus
Buhnenhaus 1
14776 Brandenburg / Havel
Tel.: 03381 / 619 00 90
info@buhnenhaus.de
www.buhnenhaus.de

Wassersport Geisler
Mühlendamm 1
14776 Brandenburg
Tel.: 03381 / 660 197
info@wassersport-geisler.de
www.wassersport-geisler.de

Brandenburger Hausboote
Yachtcharter Marina Schoners Wehr
Krakauer Str. 29a
14776 Brandenburg an der Havel
Tel.: 03381 / 229 906 oder 03381 / 794 448
info@schoners-wehr.de
www.brandenburger-hausboote.de

Schwimm- und Erlebnisbad
der Stadt Brandenburg an der Havel
Sprengelstr. 1
14770 Brandenburg an der Havel
Tel.: 03381 / 322 780
news@marienbad-brandenburg.de
www.marienbad-brandenburg.de

Strandbad an der Massowburg
An d. Regattastrecke 1
14772 Brandenburg an der Havel

Über Beetzsee in Ketzür, Runde ab Brandenburg-Altstadt
Länge: 34,5 km
www.komoot.de/smarttour/1235996

Havelradweg und Havelblick, Runde ab Gollwitz
Länge: 46,3 km
www.komoot.de/smarttour/19497206

Dom St. Peter und Paul und St. Paulikloster, Runde ab Brandenburg Hauptbahnhof
Länge: 9,79 km
www.komoot.de/smarttour/1046076

Dom St. Peter und Paul und Altstädtischer Markt, Runde ab Altstadt
Länge: 4,18 km
www.komoot.de/smarttour/18807315

RECKAHN

Zehn Kilometer südlich der Stadt Brandenburg gelegen, gehört der Ort zur Gemeinde Kloster Lehnin. 1351 erwähnt eine Quelle erstmals ein Dorf namens Rickan. Vorher lebten hier wie sonst in der Gegend Slawen.

Das Geschlecht der Rochows war im 11. Jahrhundert in die Mark gekommen. Ein erster Landsitz der Familie hatte bei Stendal im heutigen Sachsen-Anhalt gelegen. Später gehörten der im Laufe der Zeit weit verzweigten Familie eine Reihe von märkischen Gütern, so auch Reckahn.

FRIEDRICH EBERHARD VON ROCHOW besuchte die Ritterakademie in der Stadt Brandenburg und nahm als Offizier am Siebenjährigen Krieg teil. Bei einem Duell verletzte er sich und musste den Miltärdienst aufgeben. Er widmete sich fortan seinen Gütern und übernahm gemeinnützige Aufgaben: Er wurde Domherr in Halberstadt und Mitglied des Johanniterordens.

Er stellte fest, dass die mangelnde Bildung der Bauern und Gutsarbeiter bei dem Bestreben, die Arbeit auf seinen Gütern zu intensivieren, ein Hindernis war. Zwar gab es seit 1717 in Preußen eine Schulpflicht, doch es fehlten dafür die Gebäude, und die Lehrkräfte waren nichts anderes als abgedankte Soldaten oder Tagelöhner. Unterrichtsmaterial gab es nicht. Bildung war zwar erwünscht, doch sollte sie nichts kosten.

Rochow wollte die Schulbildung verbessern. 1774 gründete er in Reckahn eine Dorfschule. Nach deren Muster entstanden weitere Unterrichtsstätten auf zwei weiteren Gütern. Rochow verfasste Lesebücher und beschrieb seine Bildungsmethoden in Veröffentlichungen, die mehrere Auflagen erfuhren. Das alles erregte einiges Aufsehen, sodass Lehrer, Beamte und Wissenschaftler die Dorfschule besuchten, um sich Anregungen zu holen. Rochow sah in der Bildung eine Möglichkeit, das soziale Elend der Landbevölkerung zu mildern.

Friedrich Eberhard von Rochow

Sein wichtigster Mitarbeiter wurde der Schulmeister Heinrich Julius Bruns. Rochow stand im Austausch mit aufgeklärten Aristokraten seiner Zeit, so dem Fürst Leopold von Anhalt Dessau. Im Barockschloss Reckahn verkehrten Mitglieder der Literarischen Gesellschaft Halberstadt, zu der Johann Wilhelm Ludwig Gleim gehörte.

Im Schloss befindet sich heute das Rochow-Reckahn-Museum. Die ehemalige Dorfschule ist ein Schulmuseum.

RECKAHN KOMPAKT

R1 bis Bhf Brandenburg, dann Bus 551 Richtung Golzow nach Reckahn

A2 Abfahrt Brandenburg in Richtung Bad Belzig, ab Rotscherlinde Richtung Krahne-Reckahn

Rochow-Museum im Schloss Reckahn
Reckahner Dorfstr. 27
14797 Kloster Lehnin OT Reckahn
Tel.: 033835 / 606 72
schloss-reckahn@t-online.de
www.reckahner-museen.byseum.de

Schulmuseum Reckahn
Reckahner Dorfstr. 23
14797 Kloster Lehnin OT Reckahn
Tel.: 033835 / 608 870
www.reckahner-museen.byseum.de

Kunstgut Krahne / Atelier Breyer
Krahner Hauptstr. 7
14797 Kloster Lehnin OT Krahne
Tel.: 033835 / 754 992
info@kunstgut-krahne.de
www.kunstgut-krahne.de

Rochow Akademie mit Gästehaus Reckahn
und Café
Reckahner Dorfstr. 35
14797 Kloster Lehnin
Tel.: 033835 / 606 244
info@gaestehaus-reckahn.de
www.gaestehaus-reckahn.de

Steintorturm und Dampflok ohne Bahnhof, Runde ab Krahne
Länge: 23 km
www.komoot.de/smarttour/11939938

Jahrtausendbrücke Brandenburg und Fähre Neuendorf, Runde ab Krahne
Länge: 37,9 km
www.komoot.de/smarttour/20745823

Kirche Meßdunk und Schoss Reckahn, Runde ab Reckahn
Länge: 6,25 km
www.komoot.de/smarttour/9979051

Kirche Meßdunk und Gutshaus Krahne, Runde ab Reckahn
Länge: 9,61 km
www.komoot.de/smarttour/3646018

NATURPARK WESTHAVELLAND

Etwa 70 Kilometer westlich von Berlin hat vor 20.000 Jahren die Weichseleiszeit eine von Wasserreichtum, weiten Niederungen, Mooren und bewaldeten Erhebungen geprägte Landschaft hinterlassen. Diese natürlichen Voraussetzungen bieten Lebensraum für unterschiedlichste Pflanzen- und Tierarten; einige sind vom Aussterben bedroht. Hier leben seltene Watt- und Wasservögel, Seeadler, Rotmilane, Großtrappen Deutschlands, seltene Fledermausarten, Biber, Fischotter und anderes mehr.

Im Frühjahr und Herbst rasten in den zahlreichen Feuchtgebieten Schwärme von Zugvögeln. 1998 eröffnete hier das mit 1315 Quadratmetern Fläche größte Naturschutzgebiet Brandenburgs. Wappentier ist der Kampfläufer. Eines der Zentren befindet sich in Milow.

Das Gelände kann zu Pferd, per Rad, zu Fuß oder auf dem Wasserweg erkundet werden. Geführte Wanderungen werden angeboten, mit unterschiedlichen Schwerpunkten und von verschiedenen Standorten aus. Friesack, Neustadt, Brandenburg, Rathenow und Havelberg liegen allesamt in der Nähe, es bietet sich an, einen Ausflug hier zu beginnen.

Innerhalb des Naturparks gibt es nur wenige Ortschaften. Die Lichtverschmutzung ist entsprechend gering. Nachts wird es so dunkel wie sonst kaum in Deutschland. Es wurde daher ein Sternenpark eingerichtet, als erster seiner Art landesweit. Bei klarem Wetter lässt sich nicht nur detailliert die Milchstraße beobachten, sondern außerdem das Leuchten höherer Atmosphärenschichten. Bei ausreichend Sonnenwind sind Polarlichter zu sehen.

NATURPARK WESTHAVELLAND KOMPAKT

R4 bis Rathenow, Bus 678 Station Marquede in Milow
oder Bus 685 bis Hohenaue, zu Fuß bis Parey (Naturparkverwaltung)

über die B2 und B188, Anbindung an B5
A24, A2, A10

Naturpark Westhavelland
Pareyer Dorfstr. 5
14715 Havelaue
Tel.: 033872 / 74 30
np-westhavelland@lfu.brandenburg.de
www.westhavelland-naturpark.de

NaturparkZentrum Westhavelland
Besucherzentrum Milow (siehe Milow)

Sternenpark Westhavelland
umfasst das Gebiet des Naturparks Westhavelland
frei zugänglich
info@sternenpark-westhavelland.de
www.sternenpark-westhavelland.de

geführte Touren im Naturpark Westhavelland
www.westhavelland-naturpark.de (Naturparkführer im Westhavelland)

Kanustation Pritzerbe
Havelse(h)en – Natur- und Landschaftsführer – Carsten Muschol
Kietzstr. 18
14798 Havelsee OT Pritzerbe
Tel.: 033834 / 402 916
kontakt@havelsehen.de
www.havelsehen.de

Kanuvermietung & Bootsservice
GM – Kanuvermietung & Bootsservice
Etziner Dorfstr. 1
14669 Ketzin
Tel.: 0176 / 749 683 83
info@kanu-milow.de

Reiten
www.westhavelland.de
(Reiten & Kremser)

Ferienwohnung »Cassiopeia«
Unterm Sternenhimmel
Heike Helmers
Hauptstr. 28
14715 Havelaue OT Wolsier
Tel.: 0151 / 512 164 94
info@unterm-sternenhimmel.de
www.unterm-sternenhimmel.de

Pension »Am Dorfanger«
Pareyer Str. 1
14715 Seeblick OT Hohennauen
Tel.: 033872 / 700 54
info@pension-am-dorfanger-hohennauen.de
www.pension-am-dorfanger-hohennauen.de

Hotel »Sonn'Idyll«
Semliner Str. 19 – 21
14712 Rathenow
Tel.: 03385 / 619 98 20
info@sonnidyll.de
www.sonnidyll.de

Steckelsdorfer See am Campingplatz Rathenow
Hauptstr. 72
14712 Rathenow OT Steckelsdorf
Tel.: 03385 / 499 510 oder 03385 / 499 511
info@campingplatz-rathenow.de
www.campingplatz-rathenow.de

Badestelle Semlin und Deich Hohennauener See, Runde von Rathenow
Länge: 35,6 km
www.komoot.de/smarttour/3620903

Brücke am Hohennauener See und Stechow-Rathenow, Runde ab Hohennauen
Länge: 35,3 km
www.komoot.de/smarttour/17339584

Ferchesarer See und Badestelle Semlin, Runde ab Ferchesar
Länge: 23,4 km
www.komoot.de/smarttour/10054417

Aussicht vom Milower Berg und Milower Berg, Runde ab Milow
Länge: 11,4 km
www.komoot.de/smarttour/612674

GROSS BEHNITZ

Die Beetzseerinne, eine Seenkette glazialen Ursprungs, verläuft in südwestlicher Richtung zwischen Nauen und der Stadt Brandenburg. Am Groß Behnitzer See, liegt das Dorf gleichen Namens.

Der Name findet sich erstmals 1173 in einer Urkunde. Wie in anderen Regionen der Mark Brandenburg wechselten die adligen Besitzer, schließlich gelangte das Gut in den Besitz der alten Adelssippe Itzenplitz. Fontane reimte in seinen »Wanderungen«:

Vor Köckeritz und Lüderitz
Vor Krachten und vor Itzenplitz
Bewahr uns, lieber Herre Gott.

Ehe die Hohenzollern Brandenburg regierten, suchten Raubritter aus jenen Familien das Land fortwährend heim. Überfälle, Lösegelderpressungen, Raub- und Viehdiebstahl waren das Übliche.

Peter von Itzenplitz, Gutsherr in dritter Generation, lernte auf einer Studienreise nach England neue agrarische Methoden und moderne

Brennereigebäude von Landgut Stober

Landschaftsgestaltung kennen, die er dann in Groß Behnitz einsetzte. Neben der Anlage des Parks, die er in Auftrag gab, ließ er ein Herrenhaus im Stil der italienischen Renaissance errichten, das nicht mehr existiert. Auf ihn geht die Entstehung der Vorwerke Friedrichshof und Heineberg zurück.

Itzenplitz war Landrat im havelländischen Kreis. Er verkehrte mit Gelehrten wie Abrecht Daniel Thaer und Friedrich Carl von Savigny und mit Schriftstellern wie Achim von Arnim. Seine Nachkommen führten das Gut weiter, freilich glücklos, die Schulden häuften sich, es kam zum Verkauf.

Eingang zum Landgut Stober

GUT BORSIG 1866 erwarb Albert Borsig das Gut, für 450.000 Taler. Er war Sohn des Unternehmers August Borsig, dessen Berliner Fabriken Dampfmaschinen und Lokomotiven produzierten. Albert verwandelte Groß Behnitz zu einem Mustergut. Das Herrenhaus wurde umgestaltet, und weitere Gebäude entstanden: ein Inspektorenhaus, ein Logierhaus, Scheunen, Speicher, Ställe, Remisen, eine Brennerei. Modernste Agrarmethoden und -techniken kamen zum Einsatz. Die landwirtschaftlichen Erzeugnisse wurden an die Kantinen der Borsig-Werke geliefert.

Die Toranlage am Eingang des Gutsgeländes schmücken zwei bei Abrissarbeiten in Berlin sichergestellte Sandsteinskulpturen. Einst standen sie neben dem von Carl Gontard entworfenen Oranienburger Tor, einem der Durchgänge in der Berliner Zollmauer. In der Oranienburger Vorstadt hatten die Borsig-Werke ihre Tätigkeit begonnen.

Nach dem Tode Alberts führten dessen Söhne das Gut weiter. Der eine zog sich bald zurück, der andere, Ernst, war nunmehr allein verantwortlich. 1933 übernahm dessen Sohn, gleichfalls mit Vornamen Ernst.

Er war ein heimlicher Gegner der jetzt regierenden Nationalsozialisten. Er gehörte zum Kreisauer Kreis, einer zivilen Widerstandsgruppe, die aus etwa 20 Personen bestand und sich um Helmuth James Graf von Moltke und Peter Graf Yorck zu Wartenburg gebildet hatte. Andere Mit-

Dorfkirche mit Erbbegräbnis der Familie Borsig

glieder waren Adam Trott zu Solz, Carl Dietrich von Trotha, Adolf Reichwein, Carl Mierendorf und Julius Leber. Man traf sich auf Moltkes Gut im schlesischen Kreisau, es gab Zusammenkünfte auch anderswo, so in Groß Behnitz. Man besprach die politische und gesellschaftliche Neuordnung Deutschlands nach dem Zusammenbruch der Nazidiktatur.

Moltke wurde 1944 von der Gestapo verhaftet. Der Volksgerichtshof unter Vorsitz von Roland Freisler verurteilte ihn zum Tode, er wurde hingerichtet. Andere Mitglieder des Kreises erlitten das gleiche Schicksal. Ernst Borsig entging der Festnahme, 1945 inhaftierten ihn die Sowjets. In einem Lager starb er an Typhus.

Seine letzte Ruhe fand er im Erbbegräbnis der Familie Borsig, gegenüber dem Gut, in einem Anbau der Dorfkirche. Der Entwurf für diesen Anbau stammte, wie auch der für einige Gebäude, von dem Architekten Eugen Schmohl. Der wurde bekannt für seine backsteinimpressionistischen Bauten in Berlin, den Borsigturm in Tegel und das Ullsteinhaus.

Nach dem Zweiten Weltkrieg enteignet, diente Gut Groß Behnitz zunächst als Flüchtlingsunterkunft. Später war es Sitz der örtlichen Agrargenossenschaft und einer Kindertagesstätte. Im Jahr 2000 erwarb ein Unternehmer das Gut; zuvor hatte ein Familienmitglied der Borsigs sich vergeblich um dessen Restitution bemüht. Der neue Besitzer ließ die

Anlage renovieren. Nun gibt es hier ein Biohotel, mit Platz für Veranstaltungen, und einen Hofladen. Die geplante Verwendung des Namens Borsig für das Unternehmen wurde von der Familie gerichtlich untersagt.

GROSS BEHNITZ KOMPAKT

R8, R2, RB14, RB10 Bhf Nauen,
dann Bus 660

über B5 und L91
oder A10 bis Kreuz Spandau, dann auf
B5 siehe oben

Landgut Stober – Hotel und Restaurant
Behnitzer Dorfstr. 27–31
14641 Nauen OT Groß Behnitz
Tel.: 033239 / 204 40 oder 033239 / 204 468

Dorfkirche Groß Behnitz
mit mit Erbbegräbnis der Familie Borsig
Behnitzer Dorfstr. 44
14641 Nauen OT Groß Behnitz
Förderverein Kirche Groß Behnitz e.V.
gerlach.ilse@web.de

Evangelische Kirchengemeinde Groß Behnitz
Waldstr. 33
14641 Paulinenaue
Tel.: 033237 / 851 00
michaeljurk@gmx.de

Ferienwohnung am Forstgut
Behnitzer Dorfstr. 37
14641 Nauen OT Groß Behnitz
Tel.: 0179 / 504 44 31
c.meyer-johann@t-online.de

Tolle Flammkuchen
Schusterweg 4
14641 Nauen OT Groß Behnitz
Tel.: 033239 / 749 944
info@tolle-flammkuchen.de
www.tolle-flammkuchen.de

mehrere Badestellen am Groß Behnitzer See

Havellandradweg: Nauen und Havelland-Radweg, Runde ab Klein Behnitz
Länge: 33,8 km
www.komoot.de/smarttour/3620382

Schloss Ribbeck und Birnbaum zu Ribbeck, Runde ab Groß Behnitz
Länge: 27,6 km
www.komoot.de/smarttour/20942942

Landgut Stober und Uferweg Groß Behnitzer See, Runde ab Groß Behnitz
Länge: 4,53 km
www.komoot.de/smarttour/272596

Tolle Aussicht und Uferweg Groß Behnitzer See, Runde ab Groß Behnitz
Länge: 13,1 km
www.komoot.de/smarttour/3623253

STÖLLN

Von Friesack aus führt die Landstraße L17 nach Stölln.
Der Weg geht durch Kleßen-Görne. In der ehemaligen Dorfschule hat ein Spielzeugmuseum seinen Sitz. Es zeigt Objekte deutscher Herstellung aus den letzten 200 Jahren. Das Gebäude wurde 1820 nach Vorbild der Schule in Reckhan errichtet.

Stölln, seit 2002 Ortsteil von Gollenberg, war jahrhundertelang ein wenig beachtetes Rittergut. Bis sich 1896 hier etwas ereignete, was von großer Bedeutung für die Luftfahrt sein sollte.

Otto Lilienthal

OTTO LILIENTHAL Als erstes von acht Kindern und als Sohn eines Anklamer Kaufmanns geboren, verlor Otto Lilienthal frühzeitig seinen Vater. Die Familie geriet in wirtschaftliche Not, die Mutter sorgte gleichwohl für eine gute Bildung ihrer Kinder. Nach Gymnasialbesuch und Praktikum in einer Maschinenfabrik studierte Otto an einer Gewerbeakademie und gründete hernach mit seinem Bruder Gustav ein eigenes Unternehmen. Die Brüder erfanden ein Kinderspielzeug, das noch heute erhältlich ist: den bekannten Anker-Steinbaukasten. Wirtschaftlicher Erfolg gelang ihnen erst mit der Erfindung und Herstellung eines Kleinmotors und einer kleinen Wand-Dampfmaschine.

Nebenher beschäftigten sie sich mit dem Bau von Flugapparaten. Sie untersuchten den Vogelflug und erkannten, wie wichtig der Flügelquerschnitt war. Die praktische Weiterführung betrieb Otto Lilienthal dann allein. Er konstruierte Flugapparate aus Weidenholz und bespannte sie mit gewachstem Baumwollstoff. Die Spannweite betrug sechs bis zehn Meter. Seine Übungen folgten dem Prinzip vom Schritt zum Sprung und vom Sprung zum Flug. Er hüpfte vom Sprungbrett, dann vom Hang einer Sandgrube. Ihm gelangen Flüge von 25 Metern Länge. Die Flugentfernungen wurden größer. Ab 1893 benutzte er als Übungsgelände die Rhinower Berge um Stölln.

Insgesamt hat Lilienthal 21 Flugapparate gebaut, sowohl Flügelschlagkonstruktionen als auch Gleitflieger, darunter Doppeldecker.

1894 ging ein Apparat in Serie. Am 9. August 1896 stürzte er am Hang des Gollenbergs bei Stölln aus 15 Metern Höhe ab. Er brach sich einen Halswirbel und erlitt vermutlich eine Hirnblutung. Einen Tag später war er tot.

Gedenkstein an der Absturzstelle

Später starteten noch weitere Flugpioniere am Gollenberg. Heute befindet sich dort der Segelflugplatz Stölln/Rhinow. Ende Oktober 1989 landete, zu Ehren Lilienthals, auf der buckligen, mit Gras bedeckten Bahn eine Iljuschin 62 der DDR-Gesellschaft Interflug. Eigentlich hätte der düsengetriebene Jet zur Landung 2500 Meter benötigt, hier waren es bloß 860 Meter.

Die Interflug gibt es längst nicht mehr, so wenig wie die DDR. Die Iljuschin 62, diese gibt es noch. Sie trägt den Namen von Otto Lilienthals

Lilienthal-Centrum Stölln

Stillgelegte IL 62 am Flugplatz Gollenberg

Ehefrau Agnes und steht am Gollenberg. In ihrem Inneren befindet sich eine Dokumentation, außerdem werden dort Trauungen vorgenommen.

Im Ortskern Stöllns, gegenüber der Kirche und in einer alten Brennerei, zeigt der Otto-Lilienthal-Verein eine Ausstellung, mit der Nachbildung von Flugapparaten, mit Untersuchungen Lilienthals zum Vogelflug, mit seinen Tätigkeiten als Fabrikant und Erfinder.

Ein Wanderweg führt zum Gipfel des Gollenbergs. Dort steht, zu Ehren des Flugpioniers, eine Aluminiumskulptur. An der Absturzstelle, am Fuß des Berges, steht ein Gedenkstein.

STÖLLN KOMPAKT

R4 bis Bhf Rathenow,
dann Bus 687 bis Stölln Dorf
oder
R8 bis Bhf Friesack, dann Bus 661 bis Station Friesack Sonnenweg,
dann Bus 687 bis Stölln Dorf

A10, A24 bis Fehrbellin, dann Fehrbelliner Weg, Dorfstr., Lindenstr. und L17 bis zum Ziel in Stölln, Gollenberg

Otto-Lilienthal-Verein Stölln e.V.
Otto-Lilienthal-Str. 50

14728 Gollenberg OT Stölln
Tel.: 033875 / 906 90
info@otto-lilienthal.de
www.otto-lilienthal.de

Lilienthal-Centrum Stölln in der Alten
Brennerei im Ortskern
mit Café

Flugplatz Stölln
in Stölln der Beschilderung folgen

Auf dem Flugplatz Stölln steht die IL 62
»Lady Agnes«
darin eine Ausstellung zur Geschichte
der Interflug
sowie Standesamt

Ferienhaus am Fliegerpark
Am Gollenberg 2c
14728 Gollenberg
Tel,: 0151 / 581 052 04
verwaltung@ferienhaus-am-fliegerpark.de
www.ferienhaus-am-fliegerpark.de

Hotel- und Pizzeria Adrijano
Am Gollenberg 2c
14728 Gollenberg
Tel.: 033875 / 905 557

Ferienwohnungen im Gutshaus Stölln
Otto-Lilienthal-Str. 46
14728 Gollenberg OT Stölln
www.kulturgut-gollenberg.de

Biohof Havelarche in Parey
Pareyer Dorfstr. 19
14715 Havelaue OT Parey
Tel.: 033872 / 708 01
staudler@gmx.net
www.havelarche.de

Kolonistenhof Großderschau
Maria Peiker
Kleinderschauer Str. 1
16845 Großderschau
Tel.: 033875 / 908 10
heimathaus@grossderschau.de
www.grossderschau.de

Filmtierschule Harsch
Hauptstr. 2
16845 Sieversdorf-Hohenofen
Tel.: 033970 / 508 28
info@filmtierschule-harsch.de
www.filmtierschule-harsch.de

Kleßener See
14728 Kleßen-Görne
Seeweg

Otto-Lilienthal-Centrum Stölln und
Badestelle Semlin, Runde ab Rathenow
Länge: 56,6 km
www.komoot.de/smarttour/331552

Bockwindmühle und Otto-Lilienthal-
Centrum Stölln, Runde ab Rhinow
Länge: 43 km
www.komoot.de/smarttour/5056290

Blick ins Land-Nordwest und Absprungstelle Otto Lilienthal, Runde ab Stölln
Länge: 4,98 km
www.komoot.de/smarttour/3608260

Absprungstelle Otto Lilienthal und Blick
ins Land-Nordwest, Runde ab Rhinow
Länge: 16,4 km
www.komoot.de/smarttour/5055264

HAVELMÜNDUNG

Am Stadtgraben

Dom Sankt Marien in Havelberg

HAVELBERG

Der Unterlauf der Havel kreuzt mehrmals die Grenze zwischen Brandenburg und Sachsen-Anhalt. Bei Velgast richtet er sich endgültig nach Nordwesten. Die Landschaft hier, ebenso wie die nördlich anschließende Prignitz, ist weitläufig und schwach besiedelt. Schon von Ferne wird das mächtige Westwerk des Havelberger Doms sichtbar, Wahrzeichen der kurz vor Mündung der Havel in die Elbe gelegenen Stadt.

Die Altmark, wie Funde belegen, war bereits in der Stein- und der Bronzezeit besiedelt. Keramiken aus der sogenannten Schönfelder Kultur belegen das. Im sechsten Jahrhundert zogen germanische Semnonen und Langobarden hindurch. Im neunten Jahrhundert begann, unter Sachsenkönig Heinrich I., das ostfränkische Reich in Gebiete östlich der Elbe zu expandieren. In der Schlacht bei Lenzen gelang ein Sieg über die Westslawen.

Auf der Havelberger Altstadtinsel entstand eine Burg. Heinrichs Sohn Otto I. erhob Brandenburg und Havelberg zu Bistümern, die Bevölkerung sollte missioniert werden. Slawische Aufstände drängten die deutschen Eroberer zurück, denen es erst 150 Jahr später gelang, Havelberg erneut einzunehmen. Der Wendenkreuzzug vertrieb die Slawen. Der Bischofssitz kehrte nach Havelberg zurück. Der von Prämonstratensermönchen errichtete Dom wurde 1170 geweiht.

Es begann die Entwicklung zur Stadt. Unabhängig vom Domgebiet bildeten sich Siedlungsareale. Aufschwung nahm Havelberg durch seine Mitgliedschaft in der Hanse. In Spitzenzeiten gehörten etwa 200 Städte von der Ostsee bis zur Linie Köln-Krakau zu diesem Netzwerk des Kommerzes und der Verteidigung. Die Handelsstraße zwischen Magdeburg und Lübeck lief durch Havelberg. Von hier aus wurden Holz und landwirtschaftliche Er-

Stadtpfarrkirche Sankt Laurentius in Havelberg

Motiv eines Segelschiffes

zeugnisse nach Hamburg gebracht, es wurde Salz gehandelt, die Bewohner lebten außerdem von Tuchherstellung, Fischerei und Schiffbau. Der Handel blieb ein zentraler Erwerbszweig. Seit 1750 findet alljährlich im September der Havelberger Große Markt statt, besser bekannt als Havelberger Pferdemarkt. Im 18. Jahrhundert war er einer der größten Viehmärkte der Region.

NAUTISCHES Die Nähe Havelbergs zu Havel und Elbe und der reichliche Baumbestand in der Gegend begünstigten den Schiffbau. Ende des 17. Jahrhunderts gründete der Niederländer Benjamin Raule im Auftrag des Großen Kurfürsten hier eine Werft. Es ging darum, wirtschaftliche Impulse ins Land zu holen, um die verheerenden Folgen des Dreißigjährigen Krieges zu überwinden. Raule brachte holländische Schiffbauer mit. Nach dem Bau von 15 hochseetauglichen Schiffen schloss die Havelberger Anlage. Erst 80 Jahre später begann wieder eine königliche Werft mit entsprechenden Arbeiten, zu denen neben dem Schiffbau der Handel mit für Schiffbau geeigneten Hölzern gehörte. Später gründeten sich noch kleinere spezialisierte Schiffsbaufirmen.

Die wirtschaftliche Entwicklung Havelbergs verlief vergleichsweise zäh. Im 19. Jahrhundert entstanden Ziegeleibetriebe. Ab Ende des 17. Jahrhunderts war Havelberg preußische Garnison.

ALTSTADT Die Altstadtinsel ist über drei Straßen mit den übrigen Stadtteilen verbunden. Die gut erhaltene und restaurierte Architektur fällt auf. Am Marktplatz erinnern Rathaus und Fachwerkhäuser an die Blütezeit der Stadt. Hier befindet sich auch das ehemalige Synagogengebäude; Juden lebten in Havelberg seit dem frühen Mittelalter, doch wie anderswo kam es immer wieder zu Vertreibungen und Pogromen. Von 1934 bis 1941 existierte auf einem Waldgehöft bei Havelberg eine Hachschara. Dies war eine vom zionistischen Weltverband angeregte und unterstützte Ausbildungsstätte, in der sich Jugendliche im Alter von 15 bis 17 Jahren auf das Leben in einem palästinensischen Kibbuz vorbereiten sollten. Die letzte Gruppe hier musste 1941 umziehen in das als Arbeitslager umfunktionierte Landwerk Neuendorf. Von hier aus gelangten viele nach Auschwitz. Von 18 Jugendlichen aus Havelberg ist bekannt, dass sie in Konzentrationslagern ermordet wurden.

Friedrich Wilhelm I. und Peter I., Bronzeplastiken von Anton Schumann, 2015

DOMBEZIRK Eine Brücke führt zum höher gelegenen Dombezirk. Über eine Treppe mit Namen Alte Schnurre wird der Domplatz erreicht. Von hier bietet sich eine beeindruckende Aussicht auf Altstadtinsel und Umgebung.

Im Dombezirk hat sich der Charakter des Bischofssitzes erhalten. Domkirche, das Klausurgebäude des Klosters, Probstei, Dechanei, Wirtschaftgebäude, Hospiz und Domschule blieben erhalten. Früher umgab den Domkomplex eine Mauer, die aber nur noch in Teilen erhalten ist. Das romanische Gotteshaus wurde nach einem Brand gotisch umgebaut. Die Reformation machte aus alledem ein weltliches Domstift, es blieb dies bis ins 19. Jahrhundert. Das Obergeschoss der Klosteranlage beherbergt das Prignitzmuseum. Gegenüber dem Domwestwerk stehen zwei Bronzeskulpturen des Bildhauers Anton Schumann, die den großgewachsenen Zar Peter I. und den kleinen dicken Soldatenkönig Friedrich Wilhelm I. zeigen. 1716, es war die Zeit des Nordischen Krieges, trafen sich beide Herrscher in der Havelberger Probstei. Es ging um eine militärische Koalition gegen Schweden. Die Monarchen tauschten Gastgeschenke aus. Peter I. erhielt von Friedrich Wilhelm, außer einer Prunkjacht, das berühmte Bernsteinzimmer; er selbst hatte es einst von seinem Vater als Hochzeitsgeschenk erhalten. Im Gegenzug überließ der Zar dem militärfixierten Soldatenkönig 200 Lange Kerls für die Potsdamer Garde.

Über die Dombrücke zurück auf die Altstadtinsel. Der Rundweg führt vorbei am Beginenhaus und am Salzmarkt. Die Häuserwände zeigen immer wieder Schiffsmotive und erinnern so an die Bedeutung der Schifffahrt für die Stadt. An der Sandauer Brücke lädt ein Restaurantschiff am Havelufer Besucher ein.

HAVELBERG KOMPAKT

R4 Bhf Stendal, dann Bus 900 oder R8 bis Bhf Glöwen, dann Bus 900

A24, Ausfahrt auf B167 bei Dabergotz, dann B102, dann L141, K6818 und L4 oder B5 bis Friesack, dann L17/B102, L2, B107

Hansestadt Havelberg
Markt 1
39539 Hansestadt Havelberg
Tel.: 039387 / 76 50
stadt@havelberg.de
www.havelberg.de

Tourist-Information
Uferstr. 1
39539 Havelberg
Tel.: 039387 / 790 91
tourist-information@havelberg.de

Haus der Flüsse
Informationszentrum des Biosphärenreservates Mittelelbe
Elbstr. 2
39539 Havelberg
Tel.: 039387 / 609 976
hausderfluesse@biores.mwu.sachsen-anhalt.de
www.haus-der-fluesse.de

Prignitz-Museum im Prämonstratenserdomstift
Domplatz 3
39539 Hansestadt Havelberg
Tel.: 039387 / 214 22
prignitz-museum@gmx.de
www.prignitz-museum.de

Dom St. Marien zu Havelberg
Domplatz 3
39539 Havelberg
www.havelberg-dom.de

Stadtkirche St. Laurentius
Hinter d. Kirche 5
39539 Havelberg
www.havelberg-dom.de

St. Annen und Gertraudenkapelle
Krugtorhohlweg, Prälatenweg
39539 Havelberg

Hospital- oder Heiliggeistkapelle
St. Spiritus (Beguinenhaus)
Salzmarkt 1
39539 Havelberg

Bronzefiguren König Friedrich Wilhelm I. und Zar Peter I am Domplatz

Stadtführungen, HavelbergTouren
Angelika Seecker
Friedensstr. 16
39539 Hansestadt Havelberg
Tel.: 0176 / 559 262 80
hv.seecker@gmail.com
www.havelbergtouren.com

Havelberger City Guide
Funktion: Frank Ermer
Havelstr. 51

39539 Hansestadt Havelberg
Tel.: 0160 / 357 58 95
email@havelbergercg.de
www.havelbergercg.de

Verein denkMal und Leben e.V.
Funktion: Gästeführungen
Domherrnstr. 8
39539 Hansestadt Havelberg
Tel.: 039387 / 729 614
info@domherrn8.de
www.domherrn8.de

Reederei Kaiser
Verlängerte Carlbauerstr. 15
39590 Tangermünde
Tel.: 0171 / 421 81 62
kontakt@reederei-kaiser.de
www.reederei-kaiser.de

Bootsverleih/Charter
Havelberger Inseltouristik GmbH & Co. KG
Spülinsel 6
39539 Hansestadt Havelberg
Tel.: 0162 / 330 44 29
info@campinginsel-havelberg.de
www.campinginsel-havelberg.de

Bootsverleih/Charter
Kiebitzberg® GmbH & Co.KG
Schönberger Weg 6
39539 Hansestadt Havelberg
Tel.: 039387 / 595 151
arthotel@kiebitzberg.de
www.arthotel-kiebitzberg.de/
bootscharter

Alter Kornspeicher
Havelvorland
39539 Havelberg
Tel.: 01573 / 598 18 63
support@booked.net
www.alter-kornspeicher-havelberg.
hotel-mix.de

Hotel »Am Hafen«
Havelberger Freizeit- und Tourismus
GmbH & Co KG
Bahnhofstr. 39a+b
39539 Havelberg
Tel.: 039387 / 728 70
info@hotel-havelberg.de
www.hotel-havelberg.de

Restaurantschiff Hoffnung
Havelvorland 2
39539 Havelberg
Tel.: 01520 / 978 86 86
rshoffnung@gmail.com
www.rs-hoffnung.eatbu.com

Gasthaus Zur Domtreppe
Weinbergstr. 85a
39539 Havelberg
Tel.: 039387 / 595 38

Stadtansicht von Havelberg und Fähre
Räbel, Runde ab Havelberg
Länge: 28,5 km
www.komoot.de/smarttour/6674374

Havelberg und Domblick in Havelberg,
Runde ab Kuhlhausen
Länge: 34,4 km
www.komoot.de/smarttour/19456986

Stadtkanal und Domtreppe, Runde ab
Wöplitz
Länge: 9,02 km
www.komoot.de/smarttour/6674843

Haus der Flüsse und Blick auf die Havel,
Runde ab Havelberg
Länge: 10,1 km
www.komoot.de/smarttour/1046773

Mecklenburg-Vorpommern
Elde
Plauer See
Müritz
1
2
Pritzwalk
Wittstock (Dosse)
Perleberg
Rheinsberg
Wittenberge
Dosse
RUPPINER LAND
Neuruppin
Elbe
38
Havel
ALTMARK
Rhinkanal
35
37
Sachsen-Anhalt
21
Rathenow
32
22
Nauen
20
36
23
31
24
18
30
25
Brandenburg
Havel
28
(Havel)
Potsdam
13
33
11
27
34
Werder
19
17
12
16
14
26
Kloster
Lehnin
15
Nuthe

Tollensesee
Prenzlau
3
Templin
4 Zehdenick
Werbelinsee
Oder-Havel-Kanal
Schorfheide
Eberswalde
5 Oranienburg
Hohen Neuendorf
Bernau
6 Hennigsdorf
7
Ahrensfelde
Berlin
Spree
Erkner
10
Teltow
Schöne-
feld
Zeuthen
Ludwigsfelde

BILDNACHWEIS

Alle Fotografien stammen von Therese Schneider bis auf folgende:
Gemeinfrei: 14, 54, 58, 68, 69, 81, 94, 99, 105, 133, 148, 149, 154 (u.), 156 (u.), 170, 178
Wikimedia Commons: 82, 165 (o.; Philipp von Ostau)

ZUR AUTORIN

Therese Schneider, geboren 1963, studierte nach ihrer Ausbildung zur Buchbinderin an der Burg Giebichenstein, Hochschule für Kunst und Design Halle/Saale, und der Kunsthochschule Berlin-Weißensee. Sie lebt und arbeitet als selbstständige Buchgestalterin und Grafikerin in Berlin. Zuletzt erschienen von ihr die Radführer »Brandenburg mit dem Rad«, »Auf dem Rad durch Brandenburg« und »Durch Berlin mit dem Rad« sowie, gemeinsam mit ihrem Vater Rolf Schneider, »Literatouren durch Brandenburg«.

DANK

Ich danke meiner Familie, meinen Freunden und den Mitarbeitern des BeBra Verlages, die mit viel Geduld und Unterstützung bei der Entstehung dieses Buches mitgeholfen haben.